教育写作

从入门到卓越

黄建初／编著

大夏书系｜教师专业发展

华东师范大学出版社

·上海·

图书在版编目（CIP）数据

教育写作：从入门到卓越 / 黄建初编著. —上海：
华东师范大学出版社，2025. — ISBN 978-7-5760-6355-4

I. G40-03

中国国家版本馆 CIP 数据核字第 2025RE9052 号

大夏书系 ┃ 教师专业发展

教育写作： 从入门到卓越

编　著	黄建初
策划编辑	李永梅
责任编辑	张思扬
责任校对	杨　坤
封面设计	奇文云海 · 设计顾问

出版发行	华东师范大学出版社
社　址	上海市中山北路 3663 号　邮编 200062
网　址	www.ecnupress.com.cn
电　话	021-60821666　行政传真 021-62572105
客服电话	021-62865537
邮购电话	021-62869887
地　址	上海市中山北路 3663 号华东师范大学校内先锋路口
网　店	http://hdsdcbs.tmall.com/

印 刷 者	北京密兴印刷有限公司
开　本	700×1000　16 开
印　张	13.5
字　数	200 千字
版　次	2025 年 8 月第一版
印　次	2025 年 8 月第一次
印　数	5 100
书　号	ISBN 978-7-5760-6355-4
定　价	59.80 元

出 版 人	王　焰

（如发现本版图书有印订质量问题，请寄回本社市场部调换或电话 021-62865537 联系）

目 录
CONTENTS

先磨珍珠，后串项链

——教师教育写作之我见

先磨珍珠，后串项链，是指教师的教育写作需要从基础训练开始。比如撰写读后感、教育案例和教育随笔，可以在职初教师培训期间就尝试。事实上，对职初教师培训也有撰写读后感和教育案例等要求。

从"工匠"成长角度看，应先学做"学徒工"，后成为熟练"工匠"。有了一颗颗"珍珠"的储备，才能进一步学习把珍珠串成项链的本领。

本书以九个章节九个话题谋篇成书，主要例述教师日常化写作的文章和非日常化写作的文章。我把读后感、教育案例、教育随笔、课堂观察与分析、课例研究报告等容易撰写的文章看作日常化写作，而把教师不常写的研究报告和教育论文看作非日常化写作的文章。如果要把教师的经验总结也看作写作的主要文章，那么经验总结往往就是一篇中规中矩的教育论文。为了阐述的需要，我把教育写作作了分类和例述，如果要找出它们的共性，教师的文章其实都是经验总结。

"写作是思维的体操"，十多年前我从孙明霞老师的文章中读到了这句话，觉得很亲切，很有内涵。当前，教师教育写作日益成为热门话题，教育的高质量离不开教师的高质量，教师的高质量培育离不开写作。写作对于教师成长、教育进步有着十分重要的意义。研究教师的教育写作成为一门学问，出版的图书也越来越多。

写作是教师的必修课。一位教师从走进课堂上课到退休离开课堂，大概会上出 1.5 万节课，甚至 2 万节课。这中间，能够展现教师实践智慧的课非常丰富，然而一个不争的事实是教师会上课，却不会"写课"——把经验通过文章沉淀下来，留给后继者。这是教育资源的极大浪费。改变这种状态，需要专家、编辑和教师的共同努力。

一、教师的教育写作何以艰难——"削足适履"，非我所长

教育写作困难重重的原因很多，既有价值观层面上的问题，也有方法论层面上的问题。

教育写作很重要，教育写作又很困难，这是好多教师的真实感受。

几年前，一位小学语文教师也遭遇了写作的困惑。她是一位很认真、很喜欢写作的教师，此前四次参加学习共同体的教改研究课，每一次都撰写观课感受，每篇文章均在 5000 字以上。四篇文章中有一篇观课报告，详细记录了课后的研讨。这篇观课报告基础很好，稍微修改一下就是一篇好文章。于是，我提出修改建议发给她。

几天后，收到了她的修改稿，我一看，不是我希望看到的那种文章。我问怎么改成了这样。她如实相告，是接到了一位编辑的约稿。编辑想要的是论文，所以她动足脑筋要把这篇文章改成论文。我不知该怎样回复她了。

一篇有实证材料、有分析思考的课后研讨文章，硬要改成所谓的"论文"，有点为难作者了。我想到了一个词，叫作"削足适履"。

这篇文章本来的结构是分三段阐述课后的研讨交流，每一段研讨交流的发言都很深刻，作者本身得到了启发，便把叙说和分析结合起来，说出了自己的新认识。这些新认识其实也是作者针对课后研讨提出的主张。

这篇文章的新意和价值在什么地方？总的来说，以往我们的评课环节，往往

先说值得肯定的地方，后说需要修改完善的地方，评课的依据大多以教师的经验为标准。这样的评课已经成了"模式"，甚至被当作"规范"。学习共同体实验验证的结果显示，缺少理论视角的不痛不痒的评课，对执教者和观课者的触动不大，研究的作用就十分有限。

我给这篇文章拟了一个标题："学习共同体的奥秘——研讨聚焦于观课者的发现"。因为文中有杨老师、陈老师、李老师的发现，都是观课教师以学习共同体理论为视角的新发现，很有价值。鉴于我的不同意见，作者又作了两次修改，试着把文章切段塞入"论文"的框架中。结果，文章有点不伦不类了，她自己也感到不妥。

由此，我想到了几个问题。

第一，论文就一定比"非论文"（如案例、课例、随笔、叙事等）的水平高吗？

好多杂志和编辑以刊发论文、不登载案例等"非论文"为荣。我认识的编辑中持这种观点的大有人在。相反，也有一批有识之士看到了"非论文"的价值，提倡并刊登教育案例、课例、随笔、叙事类的文章。《教师博览》（原创版）曾在封面上赫然印着"讲述教师自己的故事"，以彰显办刊宗旨。《教师月刊》曾经刊登了李镇西老师的《得失寸心知——执教〈理想〉的回顾与剖析》，文章长达14000多字，写作内容以叙事为主，议论为辅。这一篇夹叙夹议的文章不算严格意义上的论文，但杂志编辑舍得拿出版面来登载这篇长文，足以说明编辑的价值观。

看来，不能简单地讨论论文与"非论文"谁高谁低，更不能在论文与"非论文"之间划出一条鸿沟。论文不是天生就比"非论文"高贵。论文中有高水平之作，也有低水平之作。反之，"非论文"中有平庸之作，也有精彩之作。

第二，教师适合写怎样的文章？

教师每天面对的是教育现场，是具体的教育和学科教学，解决面临的问题应该是教师做研究、写文章的首选。一句话，教师的研究与写作面对的是"情境性"的教育现场。如果说教师的研究与专家的研究大同小异（刘良华语），那么，其中的"小异"大抵就是专家做"普适性"的教育研究，而教师做"情境性"的教育研究。

高中数学教师计华洁在写完自己的行动研究报告后说，"适合自己的才是最好的"。是的，不是要让"内容"去适应文体，而是要用文体更好地表达自己的主张。再者，教育论文的文体本来也是可以与时俱进的，而不是一成不变的。

第三，教师是否应该扬长避短？

答案是肯定的。教师的"长"，在于每天走进教育现场，获得复杂的、丰富的教育素材，有了素材再思考用什么文体表达。

回到那位小学语文教师的文章，她原来的题目是"成长于纯粹"，是站在自己的角度看课后的研讨，觉得这节课的课后研讨很"纯粹"，没有客套，直奔要害。我阅读后的感受是，这篇文章的价值在于，把实施学习共同体教改实验的一个明显特征通过一次课后研讨予以展示——每个课堂观察员借助学习共同体的理论视角辨析教学设计和推进中的得失。因为有理论视角的审视，观察员有发现，而且这种发现有深邃性和开放性。

尝试把这次观课的内容嵌入论文的框架行不行？作者作了尝试。第二稿用了我给的题目，文章的内容却有点散乱，不是聚焦这节课的发现与研讨，而是东拉西扯回到以往我们教师"擅长"的那种论文——用他人给的观点，去寻找课堂里的事实以证明那个观点是正确的。此时，教师自己成了隐身人，没有了自己的发现和阐述。这种中规中矩的所谓论文，没有扬长，而是走到了"扬短"的胡同里。我还是希望教师以自己在课堂观察中的发现与对课后研讨的辨析撰写文章，发挥学习共同体的优势，证明课后有发现的研讨对于解决现实问题具有实效。这样的文章值得写，写了有交流的价值，对自己的成长也有意义。

二、教师的教育写作何以顺畅——我手写我心，扎根在职场

做是写的前提，所以，教师的写作先要做出来，然后才是写出来。教师每天

在课堂里摸爬滚打，为什么写作时困难重重？光做还不行，需要实践研究和实践创新。

有道是"文似看山不喜平"，撰写文章需要广阔的视野和独特的视角，需要有对教育问题的深度透视。然后针对问题进行阅读，阅读理论文献和实践经验，借鉴前人的经验，为我所用，看看效果如何。行则总结提炼实践经验，不行则分析原因，把设想的改进措施放到课堂中再做实验。

教师做行动研究已经得到普遍认同，行动研究的特征是为行动研究而研究、对行动研究的研究、在行动中研究。就我所见，教师的行动研究几成星星之火，但质量有待提升。

我在带领教师开展行动研究的过程中，针对文献研究的偏颇、技术路线的偏差、研究轮次的单一，尝试了行动研究的迭代升级，即用理实相融的文献研究纠正偏颇，用假设与验证的技术路线纠正偏差，用两轮验证的准实验方法纠正轮次的单一，收到了良好的效果。

1. 行动研究需要以理实相融的复合式文献研究作基

做任何研究都需要文献研究的基础，不论是做一个课题，还是写一篇文章。目前所见的文献研究，多热衷于理论文献、公开发表的文献，这没有错。然而，就行动研究来说，还需要对前人的实践创新、实践经验进行搜集、阅读和分析，借鉴前人的经验做研究，少走弯路。当今学界不断倡导和实践的循证实践研究，就是借鉴前人的经验与成功案例，沿着前人开辟的路再向前推进一步。

教师从事教育改革和创新不是在没有路径的地方做研究，而是在前人已经走出来的路上进行延伸。古今中外的教育家、教师为后人提供的实践经验无数，其中不乏真知灼见。

从实践上说，没有前人走过的路作引导，可能会遭遇两眼一抹黑，不知从何下手。在森林里行路，容易迷失方向，陷入困境。教育也一样。

从理论上说，文献分为三种类型：零次文献、一次文献和二次文献。[参见刘良华《教育研究方法（第三版）》，华东师范大学出版社 2021 年] 零次文献也称为"非正式出版文献"。它主要包括两个方面的内容：一是形成一次文献以前的知识信息，即未经记录、未形成文字、口耳相传的材料；二是未公开发表的原始文献，或未正式出版的各种资料，如书信、手稿、记录、笔记和一些仅供内部使用的书刊资料。

2. 行动研究需要假设与验证的技术路线

假设与验证是实验科学的显著特征。行动研究是否需要用证据来证明，答案应该是肯定的。

从理论上来看，刘良华教授的观点值得一读。他认为"行动研究"其实是实验研究，由于教育实验研究不可能做到严格控制和测量，几乎所有的教育实验研究都只是"准实验"。西方人把这种"准实验"称为"行动研究"。

为了说明教育实验或教育变革的影响或效果，实验研究不仅强调教育改革（教育变革），而且强调这种教育改革所引发的教育效果必须是"可测量"的。研究者可以通过某种"问卷"（或考试试卷）的方式寻找实验前的成绩和实验后的成绩的变化。将实验前的成绩（前测）与实验后的成绩（后测）进行比较，就可以发现实验研究的影响或效果。如果这种教育变革的影响不可以测量，那么，它至少是可以言说的（听其言）。研究者可以通过"访谈"的方式比较实验前和实验后的变化。如果这种教育影响不是可以言说的，至少是可以观察的，研究者可以通过观察观其行。

这样看来，如果说教育实验研究的经典标题是"……对……的影响的实验研究"，那么，前一个省略号的关键要求是"可操作性"，它代表某个具体的"可操作"的教育变革行为、措施；后一个省略号的关键要求是"可测量性"，它代表某种教育变革所引起的教育效果，而且这种效果最好是可测量或者可言说、可观察的。

由此也可以认为，如果填充第一个省略号的变革措施过于宏大、庞大乃至不可操作，这个实验就是失败的。同样，如果填充第二个省略号的影响或变化过于抽象、模糊乃至不可测量或不可言说、不可观察，这个实验也是失败的。就教育研究的主题和内容而言，教师研究与专家研究向来不同。不过，就研究方法而言，教师研究与专家研究并没有实质上的差异。即便有差异，也是"大同"而"小异"。（刘良华《教师研究与专家研究的大同小异》，《上海教育科研》2010 年第 9 期）

行动研究使用假设与验证的技术路线，可以把实践的行动研究向着科学的行动研究方面作提升。目前所见的行动研究课题，大量还处于实践的行动研究阶段，得出的结论往往难以做到自圆其说，难以经受反复实验的推敲。

3. 行动研究要学会用两轮实验反复验证

行动研究需要做两轮，这是学界的共识。两轮行动研究的要义在于把结论再付诸实践验证一次，从而使行动研究的成果更可信、更有说服力。以课例研究这种行动研究在课堂教学领域中的研究方式为例，从顾泠沅等倡导的"行动教育"模式到国际通用的对 lesson study（课例研究）的理解，都是至少进行两轮研课，以实现课堂教学的改进及对"实验"举措的效果检验。

以课例研究为例，教师可以先做试教课，然后在观察与反思中重新设计和实施研究课。我以为这是比较贴近教师的两轮行动研究的方法。与传统的磨课有相通之处，但又不尽相同。

两轮行动研究是一个承上启下的连续性研修活动。它不仅能够证明行动研究成果和结论的可靠性、可信度，而且十分关注行动研究的可行性、条件性。一轮行动研究的结论需要在两轮行动研究中予以证实。如果学校能够推而广之，持续展开第三次甚至更多次研究，会有更好的成效显现。这样可以提高一线教师开展行动研究的学术性含量。本书第四到第六章用浦东新区航头学区开展的课例研修活动作为样例阐述两轮行动研究的经验，并且把课后的"一次写作"分为三种类型的文章作示范，旨在为教师的日常化写作提供一种思路，本意绝对不是用这种写作框住教师的视野和视角，而是希望有更多的教师创造出适合本土、基于学情和校情的案例，供交流分享。

实践告诉我们，越来越多的教师用公开出版的著作表明，即使是在教育教学第一线践行工作与研究、写作与思考，也能够成为有学术素养的教师，并为教育学术殿堂贡献一份绵薄之力。

本书的阅读对象是职初教师与经验教师。立意是经验分享、教师立场，微观研究、有所创新。与市面上所见的教育写作类书籍不同的是，本书作者以一个教科研人员的视角，把曾经与教师共同读书学习、做研究写文章的案例，搜集整理形成书稿，其特点是用案例阐述方法，然后提炼学理。本书旨在用通俗的话语阐述教育写作这个见仁见智的命题，让教师能够读懂、悟理，减少畏难情绪，激发内驱力，勇于加入教育写作行列，力争成为行家里手。

根据教师的阅读习惯和实践需求，本书用九个章节阐述教师教育写作的主要内容。每个章节以概述、例析、建议三部分谋篇，其中例析部分占了重头。本书力求在体例与叙述上保持相对一致，可是每个章节的内容有相似性，都是阐述教育写作，所以很难做到在"建议"部分都有"个性"特征，而且不重复。目前的文稿已经注意了相对独立和整体一致。

第一到第三章侧重于职初教师的入门练习，第四到第九章侧重于经验教师的写作提高。从写作的难易程度上，我们做了从易到难的适度编排递进。对读者来说，可以自主选择内容阅读，不受编排的束缚。本书只是提供了教育写作前行者的一些经验，供读者参考借鉴。

黄建初
2024 年 9 月

第 一 章

读书有悟
——如何撰写读后感

概述

一、进入 AI 时代，教师还要读书、写作吗

我进行了用 AI 技术写作的尝试。AI 技术用大数据作支撑，告诉我们各种知识，回答我们各种问题，为我们从事日常性、事务性工作提供了方便。

有人以为，有了 AI 技术，写作可以交给 AI 来完成。这是一种误解。要看到 AI 技术存在局限性。数据库已有的知识是基础性数据资料，要 AI 像教师一样思考，它目前还做不到。此外，纸质阅读与网络阅读有区别，好多教师还是喜欢读纸质书，可以尽兴在上面圈画、批注，更能保证深层次的阅读，也更具亲切感和愉悦感。

二、撰写读后感的前提是教师需要读书

当今时代，出版业非常兴旺。面对浩如烟海的书籍，读什么书也成为一个问题。

关于教师读书的话题，陈向明、张东云 2022 年 4 月在《中国教师》

上发表了《阅读对教师专业发展的作用——以一位小学教师为例》，文章指出，针对有关"教师如何选择适合自己的书籍"的问题，一位刘老师的案例表明，选择的书籍最好具有针对性，能够启发教师深入思考问题的实质，从自己的信念和价值观入手改变自己的心智模式，而不仅仅改变行动策略。刘老师坦言，自己在参加工作坊之前，重点关注的是方法与策略，读的是《轻轻松松做班主任》《做一个不再瞎忙的班主任》《正面管教》《卓越课堂管理》之类的书籍。她从书中吸纳的多是"术"，选择接纳与否的标准是方法是否有效。刘老师说："这导致有一些方法是反教育的，我却难以分辨。与在工作坊阅读体验对比后，我发现当我只重视策略，不重视策略背后的理论时，行动很容易变形，导致形似而神不在。"而工作坊导师推荐的书籍大多涉及教育观念的转变。

史特金定律认为，任何领域，其中90%都是低质量或无价值的。它提醒我们，面对海量信息和内容时，必须主动筛选，避免被无效信息淹没，从而节省认知资源，专注于那10%的精华部分。

因此，读书要有选择。我在担任工作室主持人时，是会向学员推荐时文新论的，学员阅读活动叫作"每周一文"。其实很多时候是几篇文章的组合，有一个中心议题。这些文章大多来自书刊等公开出版物，也有网络资料摘录。所有推荐的文章一定是经过我的阅读筛选，而后推荐给学员的。

三、充分汲取读书活动的成功经验

读书原本是个人行为，现在好多学校开展读书活动，把教师组织起来共读一本书，这是读书方法上的拓展。上海南汇三中利用暑假组织了共读小组，有21位教师自愿报名参加。每天阅读《走向实证——给教师的教科研建议》中的一章内容，然后打卡、交流，收到了良好的效果。"读书三法"——圈画、批注、写作，在南汇三中的读书活动中得以发扬光大。这是一次很成功的读书活动。我说活动很成功，理由比较充分。他们集体打卡阅读30天，留下日记 664 份。有圈画、批注，还有阅读感悟。阅读感悟的文字篇幅随着时间推移逐渐增加，这说明教师对教育的认识在加深。好几位教师开始撰写教育故事，写出自己教育学生的故事。这不是外部施压的结果，而是自我驱动的结果。自我驱动与外部施压不一样，是两种不同的心理体验。

2023 年 4 月，我有幸参与了新疆生产建设兵团第二师华山中学的"教育阅读节"，目睹了该校的读书活动。大会上，学校的阅读课教师（华山中学设有专门的阅读课教师）作了报告《书香浸润校园 阅读陪伴成长——华山中学书香校园建设》，汇报了读书活动的由来、进展与成效。之后，我对这位教师进行了专访，了解了华山中学阅读活动的与众不同——前后历时十多年，从一开始的全校各班教师阅读到后来的专职教师主导组织学生阅读，再到现在的把学生家长卷入阅读中。进入深度交流环节，我发现，学校在自由与约束中创建"书香校园"，让读书活动与时俱进，不断创新，真正将阅读落实到了日常性的学校教育与家庭教育之中。

活动结束的下午，我又前往当地另一所特色阅读学校——博古其中学。走进校园，我发现这所学校的建筑竟然是以图书馆为中心打造的。图书馆以开放式阅读为宗旨，允许学生在休息时间随时走进图书馆翻阅心仪的书籍。那天的参观比较匆忙，我只是拍摄了几张照片。为了进一步了解这所学校阅读课的实际情况，我于 6 月 6 日再次来到博古其中学。我提前到了学校，一个人走进教室，看到学生正在进行每日半小时的晨读活动。学生每人手拿一本书，或指读，或默读。教师也在讲台上阅读。教室里静悄悄的，没有其他声音。后来，我在学校相关人士的引导下，走进了博古其中学阅读课教研组组长的办公室。阅读课教研组组长小郭老师正在与其他两位教师研讨如何更好地开展教研组活动，他们总结了前一阶段阅读课实施的得与失，并筹划下一阶段的阅读课设计。为了解阅读课教师对读书自由与约束的看法，我对这位教研组组长和两位阅读课教师做了专题访谈。他们的看法主要集中在两个层面：

第一，作为阅读课教师，也作为阅读爱好者，自由阅读应该是教师阅读的常态。也就是说，读书基于教师的兴趣，具有非功利性。这样的自由阅读，主要增加的是阅读的广度。学校要求的阅读，也即我们所说的带有一定约束性的阅读，一般是结合教师专业发展，按照确定阅读大主题、规定阅读书目的方式，引领教师阅读，这加深的是教师阅读的深度。这种学校规定的约束性阅读，能够让占学校教师大多数的青年教师从优秀的前辈那里取得真经。将学校的约束性阅读与教师个人的自由阅读有机结合起来，长期坚持，必有成效。

第二，教师的自由阅读，可以不停留在与教学有关的内容上，可以读小说、散文、人物传记、科普类书籍等，还可以读杂感随笔、野史趣闻、古典诗词等。也就是说，只要有兴趣就都可以涉猎，同时可以根据自身的特点，根据近期生活中遇到的事情，自由选择阅读。读自己喜欢读并且擅长读的书，最好是能写成日记、读书笔记、杂感等。当然，教师也需要适当阅读一些弥补自己短板的图书。教师的自由阅读，是自由在形式上，自由在时间地点上，自由在因人而异上。这样自由的阅读，也需要有一定的约束：从阅读数量上来说，每月至少要读一本纸质书；从阅读品质上来说，需要形成合理的阅读结构——必须阅读一定数量的教育专业书籍；从阅读产出上来说，最能看得见成效的，近观就是教育写作水平的提高，能够从容甚至游刃有余地撰写教育案例、论文等，远观就是提高了教育教学的本领；从阅读主体上来说，要能以自己的阅读将家长卷入读书活动中，让自己的教育教学因家庭的支持而事半功倍。

四、读后感的写作有规律

读后感有立题（立意在先）、有谋篇（有框架结构）、有行文（用夹叙夹议比较合适）。

读后感需要用论题立意，明确作者的教育主张。确立论题有三个原则：求新、求小、求实。要尽量避免人云亦云、大而失当、故弄玄虚。读者首先看到的是文章题目，所以写作者对题目作一番推敲很有必要。

读后感有框架结构。写作时要依据一定的程序展开论述？我的经验是：（1）是什么，为什么；（2）怎样做，得到什么成效；（3）还有什么。

读后感用夹叙夹议行文。因为教师的经验镶嵌在具体的教育情景中，需要把情景、方法、结果一一呈现给读者。

对初步学习撰写读后感的青年教师来说，可以借鉴下面的分类逐步深入。第一类文章，对书中观点有认识，有认同；第二类文章，在认同的基础上，分析书中观点的教育意义，以及对实践的指导意义；第三类文章，有认同，有分析，还结合教育实践，说明自己在教育教学中是怎样运用理论指导实践的，这属于上乘佳品了。我觉得能够写到第三类文章这个层次，已经相当不易了。

例析

一、读后感要呈现读者与作者的思想交流

我在阅读陈向明教授的文章时得到启发，撰写了一篇读后感。这篇读后感以陈教授的观点立题——"不要把以前的荣誉和套路抱得太紧"。同时，我把自己"代入"读后感中，以此与作者进行隔空相望的思想交流。

不要把以前的荣誉和套路抱得太紧
——读《被打断的教育与自我唤醒的学习——陈向明教授
叙事行动研究访谈录》有感

教师从事的是需要经验的行业，教师也被称为"教书匠"。教书育人需

要"临床"经验的积累。但是，对经验需要作分析，不能被经验所困。仅仅依靠经验，也是难以应对如今日新月异的教育需求的。这就需要教师学会"否定"与"再否定"。走出经验的藩篱，走向教育的新境界。

学会"否定"与"再否定"，是需要一点定力的。《被打断的教育与自我唤醒的学习——陈向明教授叙事行动研究访谈录》一文中说：

教师的教学实践在很大程度上受到经验的滋养，也受到经验的限制。詹姆斯·马奇在《经验的疆界》中提出，人们受益且受制于"经验的鲜活性""启示的模糊性"和"诠释的灵活性"，经验是"有用的老师"，但又是"不完美的老师"。在经验失灵之处，理论的介入和活化就显得尤为重要。在这次教育叙事行动研究工作坊中，虽然很多学员实现了"顿悟式学习"，但也有一些学员始终陷在"好人好事"或"工作汇报"的叙事逻辑和经验框架里挣扎，倾向于寻找"权威"，寻找"标准答案"，无法实现突破。这更加凸显了行动者在经验与理论之间辗转腾挪之能力的重要性。

陈向明老师在访谈中说道：

这次工作坊结束时，并非所有学员都发生了"顿悟式学习"。有的学员虽然在工作中非常成功，写的文章也经常被学校选为范文，但他们已经形成了自己的写作套路，很难学新东西，因为他们把以前的荣誉和套路抱得太紧了。
……

陈向明教授给我们树立了一个榜样，一个没有"把以前的荣誉和套路抱得太紧"的典范。她原来研究教育叙事，以"质的研究"在国内学术界开了研究范式的先例。可贵的是，她没有在教育叙事的框架内作茧自缚，而是博采众长，在否定之否定中开拓前行。

对于在教育叙事中加入行动研究，陈向明教授有证据证明这种研究范式的有效性和可行性。在2021年发表于《教师发展研究》的《教育叙事探究：教师专业发展的一个支点——对话陈向明教授》中，她还把课例研究纳入教育叙事的研究框架中。我认为，这是陈向明教授能够为自己原来的研究领域引进源头活水、不断开拓创新的举措。

我受陈向明教授著作的影响比较早。第一次得知陈向明教授的调查研究报告《王小刚为什么不上学了——一位辍学生的个案调查》是在上海市教委为区县教研员组织的职务培训课程"教育研究方法"上，这课由袁振国教授执教。后来陈教授的《质的研究方法与社会科学研究》一书出版，我立马购买阅读，还有她指导的博士生撰写的《聆听与倾诉——质的研究方法应用论文集》，我也仔细研读了。当时，我担任教师进修学院科研室主任，于是把质的研究及叙事研究作为一种方法推荐给各校科研主任。在我编写的《教育写作入门》培训讲义中，有专门的章节阐述教育叙事研究。

2015年，陈向明教授到上海市静安区教育学院负责"质的研究"培训班，我从好友郑慧琦老师处要来她讲课的文字记录稿，阅读学习，再次受教于陈向明教授。

我感到，陈教授的教育叙事研究已经在博采众长中得到拓展和延伸。这种拓展延伸，我把它看作是对过往研究的否定与再否定。

人要战胜自己很难，而否定与再否定的过程，对于我们一线教师而言，也是专业成长的一条蹊径。以我自己为例，可以看出在"否定之否定"的过程中，潜藏着成长。

我在从事教育案例、课例研究和撰写教育随笔的过程中，把陈向明教授的教育叙事作为一种研究方法来看待，所以在我职务管理的范围内积极推广教育叙事研究，收到了一定效果。后来，我读到刘良华教授的论文《教师研究与专家研究的大同小异》，刘教授否认叙事是一种独立的研究方法，而只是一种写作方法。他认为，教师可以做调查研究和行动研究，撰写叙事的行动研究报告。这引起我的再思考。

王丽琴博士在我组织的关于"教育叙事是一种研究方法吗？"的网上研讨中，提出："在我，教育叙事是一种研究生活方式，当然也是个人比较喜欢的表达方式，而不是一种研究方法。"她认为："迄今为止，教育叙事作为一种研究方法，其独特性的研究方式、策略并不多，大概还是得使用观察、访谈、内容分析等已经比较成熟的研究手段来进行。只不过，这种研究更重视用叙事的形式来呈现自己的研究过程和研究结果，而不是用其他研究更倚重的数据、概念、判断、逻辑推理。教育叙事最终呈现的那些个好读、耐读的故事，到底能不能揭示出一个新鲜的教育原理、有穿透力的教育思想，还取决于这些故事背后的东西。因此，我始终觉得，教育叙事暂时不能成为一种独立的研究方法，大概还需要很多人的努力、很多相对成熟的经典研究案例，才能使之逐步得到承认。"

我觉得有道理。

从这样一次思考与反思的过程中，我感觉到对自己以往的经验需要进行批判性思考，也就是"不要把以前的荣誉和套路抱得太紧"。

否定之否定的曲折前行，还有例子可以佐证。在推广叙事研究的过程中，初期的我曾经对理论持排斥的态度。后来，发现教师对教育教学实践作分析时，如果没有理论视角的照射，往往会陷入就事论事的浅显。我有感而发，撰写了《教师实现"理论联系实际"的行走路径》，发表在《福建教育》2016 年第 1 期上。如今，我十分看重教育理论的作用，会自觉学习研读教育理论，把实践置于理论的框架下作解读，用理论指引实践并归纳提炼理性认识，认识到没有理论照射的实践会肤浅，没有实践的理论会空泛。这是一个自我否定的过程，而后获得了否定之否定的新认识、新实践，专业成长已经贯穿其中。

陈向明教授对叙事研究情有独钟，但是她并不排斥行动研究和课例研究，而把行动研究与课例研究置于叙事研究之下，显现了一位学界高人的"变"和"通"。

从她身上，我们可以学习的是"不要把以前的荣誉和套路抱得太紧"，学会"变"，可以求得"通"。一旦有了"通"，就有可能实现"达"，抵达理想中的学术境界。

二、学习用访谈来发现问题

一所农村学校组织了 30 多位青年教师开展暑期共读一本书的活动，他们选择的是《走向实证——给教师的教科研建议》。校长认为，开展教科研是教师的必修课。学校原来有课题研究，也有读书、写作等活动，只是缺少指导而停留在浅表层次上。这次读书活动使老师们受益颇丰。通过一个暑假的共读，老师们撰写了读后感，选取的视角不同，撰写的读后感也具有独特的感悟，为后续的交流分享打下了基础。

用访谈了解学生出错的原因

今年暑假，我和研修班的伙伴们共读了《走向实证——给教师的教科研建议》。从教七年的我，突然发现原来教师并非只有"教书""育人"，还有第三项职责，即"教科研"。

教学中，我们常常因为学生出错而生出种种烦恼。从这本书中，我学到了可以用访谈的方式了解学生出错的原因。尝试过后，我发现学生出错的原因常常出乎意料。

作为教师，我们备课、上课、批作业，天天与学生打交道，熟能生巧，足以把握课堂教学的惯常步骤，看似没有多少值得研究的题目。其实，有一个因素是一直在改变的，那就是学生。学生有些什么变化呢？教师该怎样应对他们的这些变化呢？这些变化中哪些是积极的，哪些是消极的？在此之前，我似乎从未正视过这些问题。

教师与学生，是课堂里的一对关系，这对关系的处理有时让我感到困难重重。我一直以为教师与学生是存在距离的，总觉得同样的知识点在反复教学后每个学生都应了解并掌握。但黄老师在第一节培训课上的一句话点醒了我：课堂就是让学生出错的地方。要尊重学生，允许学生回答错误。

在进行七年级下学期的期末考试试卷质量分析时，我发现"名句默写"的得分率不高。五句"名句默写"中四句的错误人数少，而杜甫《望岳》中的"荡胸生层云"却有五位同学错了，且错得大同小异：把"荡胸生层云"的"生"写成了"升"。我一时纳闷，授课时，这首诗我用了两课时重点讲解，同学们从字词分析到诗句翻译都已默诵多次，个别同学还得到着重辅导、单独讲解，怎么在期末考试中还会犯这样的错误呢？不解和生气让自以为有教育经验的我下了一个判断："孩子们太粗心马虎了，一定没有好好复习，没有认真完成我布置的默写任务。"在这样的判断下，我犯了第二个错误，让这句默写错误的学生把整首诗抄10遍，暑期再默。讲解试卷时，我并没有读出孩子们脸上的委屈，只当那表情是考试失利的难过。

学生犯了默写的错误，而我又何尝不是犯了不尊重学生的错误？我只关注了结果却没有关注到学生本身。那如何在产生错误后去了解原因、正确归因呢？黄老师的《走向实证——给教师的教科研建议》中的"如何做课后访谈"给了我莫大的启示。

正如该书中所说："教师是需要经验承载的工作，但教育的不确定性导致有时候经验会成为一种'负担'，用经验判断学生心理可能会出现偏颇。"和学生谈话，进行访谈，有助于了解学生的真实想法，从而透过表面了解真相、矫正判断，也为发现问题、分析问题、解决问题提供可靠的证据。

黄老师在书中列举了两种访谈方式：即兴访谈与结构访谈。就上面的问题，我已错失了即兴访谈的机会，所以在暑假里我利用线上家访的机会，对几位考试默写出现错误的同学进行了一次结构访谈。访谈前，我先与家长沟通，我将和学生一对一交流，请家长回避一下，使访谈的氛围尽量宽松。

我先和学生交流暑假生活，以减轻学生的心理压力。然后按照提前准备好的访谈提纲，进行了线上访谈。

第一位：小滕。

问：平时爱读古诗吗？写错的字是什么？

小滕：不太喜欢读古诗，读也读不懂，没什么兴趣。这次写错的是"生"，误写成了"升"。

问：这两个字的区别是什么？

小滕：写起来不一样，意思也不一样。

问：能说说你觉得它们分别是什么意思吗？

小滕：老师你课上讲的我已经忘记了。

问：没关系，可以跟我说说你自己的理解吗？

小滕："生"是诞生，与新生命的出现类似的感觉。"升"是从地上到天上的上升，像气球一样的。我想诗歌中的"云"在科学课上学过，是水汽的蒸发升腾产生的，那应该写"升"，所以就写错了。

第二位：小刘。

问：写错的字是什么？为什么觉得应该这样写？

小刘：是"生"字写错了，写成了"声"。没有什么原因，考试的时候下意识这样写了。

问：之前这样写错过吗？

小刘：有的，之前默写总不小心写成"声音"的"声"。

问：那知道为什么应该是"生"吗？

小刘：不知道。

问：上课老师讲解的时候听懂这句诗的含义了吗？

小刘：听的时候好像听懂了，但下课了就不太懂了。

问：有想过下课了来问问老师吗？

小刘：想过，但课间时间短，我又不太好意思，就没问。

第三位：小王。

问：平时有读古诗的习惯吗？这次为什么写错了？自己可以分析一下原因吗？

小王：有的，我很喜欢读古诗。从我幼儿园开始，爸爸就让我每天读古诗，我觉得唐诗宋词是很唯美很神奇的世界，我喜欢在古诗的世界里遨游。读得多了，我做文言文的习题也比较得心应手。这次是我把两首诗的两个字搞混了。我记成"闻说鸡鸣见日升"的"升"了，考试时间紧，一紧张就写错了。

第四位：小陈。

问：这首诗的含义在课上有听懂吗？写错的字是什么？

小陈：这首诗大概的含义我是明白的，是说一个人要勇于面对困难挫折。但单纯让我背字词的意思我就总忘记。我把"生"写成了"升"。

问：为什么字词的意思总忘记？

小陈：我也不清楚，我背英语也是这样，刚背好转眼就忘。它们的意思就是不进我脑子。

问：你是死记硬背吗？

小陈：差不多。

第五位：小李。

问：写成了哪个字？为什么会写成那个字？

小李：写成了"升起"的"升"，因为我觉得云就是升上去的，怎么会是生出来的呢？

问：课后有发现这个疑问吗？

小李：课后就有这个疑问了。

问：那怎么没来找老师呢？

小李：这首诗是杜甫写的，那杜甫这样写肯定有他的道理，我肯定是瞎说的，不敢问老师。

访谈结束，我才发现原来这个小问题的背后有那么复杂的原因，折射出了每个学生不同的学习习惯和心理。此前，我简单粗暴地把理由归纳为学生不认真、不仔细，没有好好复习，这实在是不应该。这种简单归因的习惯，在我们教师中很常见，值得反思。

小滕和小李两位同学，他们都错写成了"升"，也不约而同地认为诗句有"升腾"之意。可见这两位同学在科学学科的学习上专注用心，明白了客观规律下自然界中的云雾产生的原理，但忽略了这是在一首诗歌中，在一位诗人眼中的云雾。在杜甫看来，山中产生的浮云层出不穷，既是眼前之云，亦是心中出现的云雾，它们在眼前、在心间久久荡漾，让他不禁想要登高望远，冲破这层层迷雾。

由此可见，诗歌使人巧慧，数学使人精微。作为教师，我不能简单否定两位同学的答案，简单地给他们打上不爱学习的烙印，而应告知他们诗歌背后的巧思，诗人思维的宽广、对客观世界的捕捉，从而抓住这个机会让他们从这个小问题中窥见文学世界的奥秘与美好，引导他们去探究类似的问题。正如卢梭所言："问题不在于教他各种学问，而在于培养他有爱好学问的兴趣，而且在这种兴趣充分增长起来的时候，教他以研究学问的方法。"

小刘和小陈同学不是这种情况，他们没有经过思考，对知识是死记硬背的，在课上没有理解问题，课后也没有来问老师。杜威曾说过："如果学生不能筹划他自己解决问题的方法，自己寻找出路，即使他能背出一些正确的答案，百分之百正确，他还是学不到什么。"可见，死记硬背得来的知识，很难真正成为自己的知识。

可青春期的孩子敏感、脆弱，他们担心问了老师反而会被批评。针对这一情况，教师可以尝试让学生去帮助学生，组成互助小组，把一些"不好意思"问老师的问题交给学生，降低部分学生的畏惧心理，慢慢培养他们开口的勇气。

小王同学的情况又不同于以上几位同学，他爱好古诗，但考场上容易紧张，把知识点搞混了。面对这样的学生，更应给予他宽容和鼓舞。考试紧张往往就是学习不自信的体现。苏霍姆林斯基说过："成功的欢乐是一种巨大的情绪力量，它可以促进儿童好好学习的愿望。请你注意无论如何不要使这种内在的力量消失。缺少这种力量，教育上的任何巧妙措施都是无济于事的。"让学生自信，给予他收获成功的勇气，或许比批评他犯的一个错误更为重要。

"你的教鞭下有瓦特，你的冷眼里有牛顿，你的讥笑中有爱迪生。你别忙着把他们赶跑。你可不要等到坐火轮、点电灯、学微积分，才认识到他们是你当年的小学生。"（陶行知语）不要让简单的判断模糊了问题的本质，更不要因"错误"错失了生成教学资源的机会。

（上海市航头学校　严婷）

严婷老师的读后感值得肯定之处在于读了有吸收，并且验证访谈这种方法是否有效。读书使严老师增长了才干。

三、读书改变教师的心智模式

读书是打开教师视野、改变心智模式的好方法。以下三位教师都说到了因为读书而产生了新的想法。

走上教育的"炼金"之路
——《走向实证——给教师的教科研建议》读后感

成为一名教师以来，我一直在寻求一条正确的道路，或者是一个通解，看了很多的教育理论与著作。从孔子的"因材施教"、苏格拉底的"产婆术"、洛克的"白板说"、蔡元培先生的"五育并举"，到陶行知先生的"生活即教育""社会即学校"等，这些我们耳熟能详的教育家都为我们总结了堪比黄金的教育理念。

那么这些教育理念从何而来？它们不是凭空想象出来的，而是从具体教育活动中来的，犹如从成吨的矿石中去提炼那数克的黄金。黄建初老师的《走向实证——给教师的教科研建议》这本书就是教育的"炼金术"，为我们在教育中"炼金"开辟了道路。

一、入门就是找准矿脉

对于我而言，做研究课题就好比给我一座大山，我要在里面寻找黄金，从哪个方向进行挖掘，采用何种方式，需要多长的时间都一概不知。就如书中所言："难就难在准备不足、认知有误、方法不明、操作时碰到困难无处得到帮助，于是畏难情绪油然而生，驻足不前导致半途而废。"

从教八年来，我一直听到这样的声音："社会变了，孩子变了，以前的教学方法不能用了。"

张肇丰先生对于教师学做研究的创新性问题的一段论述在我脑海里打开了一道缝隙，照进了一束光芒。

教师的实践研究，是认识主体在特定情境中对教育教学规律的一种再认识和再发现。所谓实践创新，就是教师在自身所处的特定情境中，对前人提出的教育或教育理论有了新的领悟和新的应用。一般来说，再发现的东西不应该是未知的，但由于它是在某个特定情境中发现的，对特定的认识主体来说又是一种新认识，因此就具有了一定的未知成分，也就具有了一定的实践参考价值及理论研究意义。

中国这几十年的变化可谓翻天覆地，社会在变，孩子在变，教学方法不是不能用了，而是不够用了。物质匮乏的年代，讲授法就能解决教育教学的大量问题，但是现在不行了，现在的教学活动应该多元化、多维度、多感官、多学科交织。杜威对教育的本质的看法归纳起来就是，教育即生长、教育即生活、教育即经验的改组和改造，方法就是要从做中学。能直接证明杜威理论正确的是2023年上海中考数学试卷中加油卡的题。其实这道题的编制源于加油站的日常经验，但凡有车，去加过油的司机都很熟悉，但是我们的孩子却对此不甚理解。最重要的原因就是缺乏生活体验，缺乏经验。特别是数学，最容易的学习方法应该是由具体上升至抽象。一些朋友问我，对于我儿子的数学是怎么启蒙的。我说很简单，就是数，数数字，不是干巴巴地数，而是让他走楼梯的时候数台阶，吃豆子的时候数豆子，生活中很多东西可以数。久而久之，他就会有一种体会，明白了什么是1，什么是2。

前不久，我对心理学产生了兴趣，于是花了几个月去学习了一下。心理学开篇讲的不是心理，而是脑科学和神经学。脑部各个区域对应着语言、听力、视力等各项功能，由于每个人的脑部发育都可能会有所不同，所以一些能力的发展顺序也有所不同。比如有的孩子先学会说话，有的孩子动手能力比较强，有的孩子擅长艺术，有的孩子擅长逻辑思维。基于以上种种，我们的"因材施教"是不是需要考量的参数要多一点，更加具有针对性一点？

有很多值得去研究和思考的东西，但是多了又无从下手。《走向实证——给教师的教科研建议》给了答案："教师的教育创新在于借鉴前人的经验，在传承中创新。很多时候，教师只是对前人的经验进行细微的修改，创新的步子很微小，意义却很大。"所以我理解了"要学点教育史、教育哲学和形式逻辑，要学做文献研究"，找准一个点结合实际，进行本土化实证研究，最终达到那微小但又意义非凡的一步。

二、研究方法是掘金的工具

书中的第二单元——"方法有依循"，同样为我打开了一扇门。书中提到的上海普教科研的"三法两工具"（实验法、调查法、经验总结法和教育评价、教育测量）我有所了解。而从"三法两工具"到质的研究方法，再到从思辨性、经验性研究走向实证研究，要经历一个过程。我在现实教育教学中，用得比较多的是"反思实践法"。书中所提到的质的研究方法让我眼前一亮。

这本书着重介绍了行动研究，行动研究是教师做研究的主要方式，但不是一种具体方法。有专家总结了行动研究的三个关键短语：为行动而研究、在行动中研究、对行动的研究。读到这里，我脑海里顿时就冒出了王阳明的"知行合一"。不知道用王阳明的思想去理解行动研究是不是正确的？

读完第二单元，我的体会是黄建初老师想告诉读者首先要了解各种研究方法对于研究的作用，就好比在素描的过程中从不同视角观察物体。然后，使用不同的研究方法多维度呈现研究对象。研究可能是多频次、长时间的。这不难理解，就比如首尔初创公司量子能源研究中心自称发现了室温超导体材料LK-99，很多研究机构都去复现，经历数十次的重复实验可能出现的材料都只具有抗磁性而没有超导性。我想我们做教育研究也需要积累大量研究材料。研究材料怎么来？通过行动研究的方式，通过各种研究方法获得。

三、从总结提炼到成果展示

"教师做经验总结，需要经过积累、筛选、提炼和写作。""提炼非常重要，它是揭示经验主题、赋予经验以灵魂的过程。如果没有这种理性的提炼，就无法使教育实践中的感性认识上升到理性认识的层面。"那怎么去提炼呢？"借助'第三只眼睛'提升经验的价值"，也就是说，要以独特的角度为突破口，还需要一定的灵感。

书中一些研究案例最后的总结真让我醍醐灌顶。在《观课后感：追寻"课堂密码"（节选）》中讲到"课堂密码"之一"教不越位，学要到位"："……越位造成的后果，就是大量时间被耗费，教师很累，学生很累，最累的是那些陪听的学优生，他们需要不断地探索未知世界，却被你（自认为在帮助学生的老师）磨掉了学习的热情和欲望！"对此，我产生了强烈共鸣。有时候我们老师在教学中比学生更为急躁，因为老师要抓成绩，抓及格率，迫切地希望学生赶紧提升，就会有种种越位的行为。比如我在教授"不等式组"这一内容时，为了能让同学们快速掌握解不等式的方法，会编口诀帮助同学们记忆。结果是同学们掌握了解题的方法，但对于知识本质的含义不是很理解，变成了只会解题，不会应用。

诸如此类的矛盾频频发生。矛盾就是发展的动力。解决矛盾的过程就是进步的过程。所以，提炼总结的成果应具备复现性。我想这就是"金子"的价值所在。

夏颜老师的《能否不再喊"以学生的发展为本"》这篇文章的标题引起了我极大的思考：以学生的发展为本有什么问题？难道我们一直以此为信条会出现问题？我带着疑虑看完了这篇文章。原来夏老师并不否定"以学生的发展为本"，而是呼吁真正遵循教育发展的必然规律，遵循孩子的生长规律。其实这就是夏老师走向实证后，以敏锐的"第三只眼睛"所获得的成果。

我感觉对于黄建初老师这本书的理解还是不够的。主要是因为自身阅历不足、理论基础匮乏。读完此书后，自知身为一名教师建立终身学习理念的重要性。身处一线教学，等同于守着一座矿山，等待着我们去挖掘。

（上海市航头学校　黄彬）

读书的目的是改变教师，改变教师的心智模式。

重要的是改变教师
——读《走向实证——给教师的教科研建议》有感

一、教师被固有思维框住，会产生种种弊端

上学期，学校告知我，学区的研修班开始招生，建议我报名参加，积极提升自己。听到这个消息，我的内心是激动、欣喜的。作为一名年轻的语文教师兼班主任，我真切感受到教书育人的工作实在是重要、烦琐又令人苦恼的，我的脑海中经常被学生们的大事、小事、好事、坏事充斥着，日常想法都是：这个孩子怎么连这么简单的知识都学不会？这个孩子怎么总是做"坏事"？孩子们什么时候才会主动学好？久而久之，从学生身上找问题成了一

种惯性，"孩子的错"成了大事小情的一切原因。

这样的想法令我非常痛苦，因为我既无法操控学生的思想，扭转他们的行为，还使自己沉浸于"错在学生"的完美借口中，不仅忽略了提升自己的教育教学水平，教育热情也慢慢冷却了，我陷入固有思维的死胡同中。

我非常感激学校举办或推荐的座谈、教研、研修等活动，在这些活动中，我能聆听许多优秀的同行、专家的经验分享和教诲。每次参加完活动，我都会深刻地反思自己，也在不断地成长、进步。作为一名教师，抱怨学生是最无意义的，我最该做的应是打破固有思维，积极主动地寻找行之有效的方法。

二、用调查了解学生，引发教师心智模式的改善

《走向实证——给教师的教科研建议》倡导在真实的教育情景中开展研究，在解决本土问题中实现创新，书中采用了许多来自教育一线教师的案例文章，用真实的教育故事引出道理，又基于案例陈述方法，进行学理归纳。每个案例都能引发我的共鸣，我看到这个案例时觉得很亲切，看到那个案例时也觉得仿佛发生在身边，案例中解决问题的方法总能带给我启示，令我受益匪浅，有豁然开朗之感。

读到第二单元"方法有依循"时，我的眼睛和心神都被牢牢地抓住了，每个案例我都读得津津有味。当我发现案例中有的好方法是我平时教学里不知不觉用过的，心里就会暗暗欣喜；当我发现有的地方是我忽视的、做得不好的，我的内心就懊悔不已，恨不能时光回溯，重新操作实施。以课后访谈为例，这也是我喜欢运用的一种调查方法，有时是在自己上完公开展示课后，我会对上课学生做一些即兴访谈，有时是听别的老师上课，我也会对听课学生做一些小小的课后访谈，这些访谈有时会使我发现一些问题，帮助我今后有效规避，有时会令我发现一些亮点，帮助我学习、进步。

有一次听课，上课老师执教的是二年级下册的《小马过河》。在学完第5自然段后，执教老师让学生们找搭档分角色来读一读、演一演小马、老牛

和小松鼠的对话。这是我们语文课堂中常见的教学环节，听课的学生们也立刻热火朝天地开始找搭档练习对话。我发现旁边的三个学生爆发了争吵，僵持不下，我有些着急，又有些好奇，就小声进行调解。

问：同学们，你们在吵什么啊？

生：我们在分配角色，但是他们都不听我的指挥，不愿意当老牛和小松鼠。

问：你们为什么不愿意当老牛和小松鼠呢？

生：我不想当老牛和小松鼠，他们的说法都是错误的，小马就是听了他们的话才过不了河。

生：老牛和小松鼠太笨了，他们都不知道体型的差距，瞎给别人建议，我也不想扮演他们。

因为时间关系，别的小组都练习完，开始展示了，这个小组还没有分好角色，而我也明白了他们争执的原因，更重要的是，我了解到这个年龄段孩子的学情，对执教这一篇课文有了新的认识。小时候，我学习这篇课文时思绪都沉浸其中，想法会被老牛和小松鼠的说法左右，可是现在的孩子阅读量大了，思辨能力也更强了，他们会在阅读、学习的过程中产生许多疑问，也造成他们无法共情文中的老牛、小松鼠，认为他们笨、瞎提建议。此时，我很好奇，我们班学生学习《小马过河》时也有类似的情况吗？他们是否提前对故事的结果和道理已经有了了解？学习过程中他们是否还保有兴趣？当时我们班已经学完了这篇课文，课间我还是找了几个同学进行调查。

问：假如你们是课文《小马过河》中的老牛和小松鼠，你们会对小马提出相同的建议吗？

生：我不会，我知道小马的大小和我不同，我能判断出他可以过河。

生：我很关心小马，我会根据自己的经验，像老牛和小松鼠一样提出建议。

生：我也不会，我会让小马先慢慢试一试，能不能过河一试便知。

问：那你们觉得老牛和松鼠是在瞎建议吗？

生：我觉得他们的建议不对，老牛和小松鼠都生活在河边，他们都很了解这条小河，应该能根据小马的体形进行判断，再向小马提供建议。

生：我觉得不是，因为他们只有自己的经验，不了解别人能不能过河。

生：我觉得大小不同的动物能不能过河是一件很明显的事情，我们小朋友都知道，老牛和小松鼠肯定也知道，所以书里面的故事是假的。

问：那在上课时，你们提前知道故事的结局了吗？

生：我预习的时候就知道了。

生：小时候，爸爸妈妈就给我讲过这个故事，我很早以前就知道了。

生：我见过小松鼠和老牛，我知道他们一个很大一个很小，看到他们说的话我就猜到了。

生：童话故事里都是这样演的。

……

问了一圈下来，同学们都表示对故事走向没有很大的兴趣，只是"揣着明白装糊涂"，并且大部分同学心里不认可老牛和松鼠的建议，认为这两个角色设计不合理，课上仅仅是跟着老师的要求学习有感情地朗读、归纳道理等方法技巧而已。既然已经了解到学生们的情况，我的语文课堂就不能再这样"循规蹈矩"地进行下去，那么这样的情况该怎么解决？今后，这篇课文我又该怎么教呢？经过思考，我觉得教学内容上可以作一些调整，比如创设情境，让学生们代入小松鼠和老牛的角色，增加他们对河水"深""浅"的感知训练，让他们自由练习该怎样劝告小马。还可以拓展升华，通过联系生活实际，例举一些类似的真实事件，帮助学生联系寓意，由小见大，学习道理。

黄老师在书中提到：找学生谈话可以了解真相和校正判断，甚至以此反思自己的教学是否有问题。我结合自己的经历深有同感，之后在教学类似的

"广为生知"的课文时，我会根据学情设计更恰当的教学目标和教学环节，这样就能让课堂更生动有趣一些，我觉得这是自己的一次突破。

三、把学习过程的对比分析，置于教学研究的中心位置

除"课后访谈"以外，《走向实证——给教师的教科研建议》中还有许多教学方法，这些好方法都可以有意识地运用到日常教学中，比如课堂观察，我认为可以在自己的课堂中观察学生，寻找总结一些好的、能促进学生学习的方法。读了案例文章《精彩瞬间的背后——邵老师〈羚羊木雕〉研究课观后感》，我很有感触。我在课堂上经常会设计一些小组活动，但是大多数时候我都是随机分组，顶多为每个小组推荐一位具有领导力的小组长，小组活动中我的关注点也多放在小组成果的呈现上，并没有过多观察小组是如何运作的，学优生组员和学困生组员之间是否真的有特殊的带动作用。我开始反思该怎么分组才能起到最好的效果。

读到案例文章《追求完整的学习过程》时，我对多名学生的对比观察也产生了浓厚的兴趣。回忆平时，我经常将学生进行对比，对比他们的成绩、他们的纪律、他们的性格……但是我从来没有对比过他们的学习过程，没有科学有效地去寻找原因和解决措施。读了这篇文章我才意识到我的教育方法亟须改变，如果我能对学生进行对比观察，我就能更清楚地看见学生们的异同，寻找更好的学习方式、教学方式。最重要的是，我应该学习这种在实践中做研究，在研究中解决问题的精神，而不是单纯地灌输大道理和学科知识。

以上就是我阅读《走向实证——给教师的教科研建议》后的一些想法。我想，在今后的教学中，我会继续保持、更新我运用过的好的教学方法，更重要的是，我会将学到的新方法积极实践起来，期待在今后的学习中进一步打开自己的研究视野，提升思辨力，更好地教书育人。

（上海市尚德实验学校　璩婉莹）

读书能告别固有观念，转变心智模式。以下是沈佳乐老师的感悟。

告别固有观念　转变心智模式
——读《走向实证——给教师的教科研建议》有感

教科研，即教育科研。我认为教育是我这个普通一线教师的本职工作，而科研则是大学教授、资深专家的专属领域，与我毫不相干。相信不少老师也和我一样对教科研望而生畏，毕竟大学毕业以后接触各类理论、文献的渠道和机会有限，平时又全身心投入教学之中，好像自己与科研天然绝缘。踏上教学岗位以来，这种根深蒂固的观念长久扎根于我的意识中，直到通过研修班与黄建初老师的《走向实证——给教师的教科研建议》一书结缘，我才终于明白教育科研虽然极具挑战性，但能促进教师的心智模式转变，继而促进教师的专业发展。

本书一共有四大单元，分别讲教科研入门思路、教科研具体方法、教科研之根、教科研各类文体的写作，而这四大单元下又细分为若干章节，在每个章节中黄建初老师都会使用至少一个实例，结合平实的文字，帮助像我这样零基础的青年教师逐步掌握一些教科研的基本方法。通读全书，令我思想激荡的是黄建初老师在"教师学做课题研究的意义"一节最后的这句话——"学做研究的过程是一个先厚积后薄发的过程，一个细水长流的缓慢过程"。

用文字记录对教育问题的思考，是心智模式转变的第一步。

"有独立思考和深刻见解的教师才堪称'明师'，即明明白白做教师的人。"黄老师振聋发聩的文字点醒了我，也戳到了我的软肋。为什么我之前一直排斥教科研？其根源就在于我虽然对教育问题和教育现象有自己的独立思考，但是缺乏将这些思考留存为文字的意识，仅停留在思考和行动的舒适区，名师优课、研讨活动和先进教学理念往往只能对我起到"引发认知冲突"的作用，很难让我把"独立思考"发展为自身的"深刻见解"，更遑论让我"转变心智模式"。其实在日常的教学实践中，无论学科教学还是德育，只要有意识，时时都有值得记录的经验，这需要我们做有心人，不放过任何一个细小的感悟。

文字记录只是第一步，后续的理性提炼和整理才是重中之重。

我想到了 2020 年的线上教学经历，当时我校采用"教师提前一天观摩空中课堂，将优秀资源融入教学"的线上教学模式，让我获得了许多即时的心得体会，但是留存下来的文字材料很少。

在上海初中英语（牛津版）7B Unit2 第三课时 The way to the cinema 的教学过程中，我借鉴了空中课堂的教学思路，打算利用语境，结合直观图片，借助学生已知词汇 street 和 road 来学习这两个单词在教材插图中出现的三个近义词 avenue、lane、drive，并且我对这三个词进行了区分，avenue 和 lane 是完全陌生的单词，而 drive 则是熟词生义，教学的主要精力要放在 avenue 和 lane 上。在上课的时候，我用课件展示了教材中的插图，用统一的颜色标注了 street、road、avenue、lane 和 drive 五个单词，并提问："Look at the map of the community. Can you guess the Chinese meaning of avenue and lane？"在语境、图片和色彩的三重指引下，学生很快就能利用学过的同义词猜出生词的含义。基于较充分的教学准备，虽然是线上教学，但无论是在后续的默写中还是在练习中，学生对这三个生词的掌握都不错。这一段教学经验其实非常有记录的价值，我应该分析它体现的教学方法和理念，然后运用到类似的教学情境中。但可惜的是，后续我在遇到类似情境时，并没有这方面的意识，还是会下意识地运用老套的教学方法去孤立地教授生词。比如，在教授形近词 though、through 和 thorough 时，我虽然反复提醒学生注意区分这三个单词，不要混淆词义和拼写，但由于是孤立的教学，并没有结合语境，在默写和练习的过程中，混淆了这三个单词的学生比比皆是，迫使我花费更多精力去纠正学生的错误认知，事倍功半。显然，当时如果我利用语境来区分和学习单词，学生便可以高效地区分这三个形近词。然而，我待在舒适区中，选择沿用保守陈旧的老方法，不但自己的心智模式根本没有转变，而且还为学生理解学习内容造成了麻烦。正如黄老师在书中提到的那样，不利用文字把经验记录下来，就无法保持教育经验的鲜活，经验中很多至关重要的细节都是模糊和残缺的，也就意味着这段经验是不可靠的；不去揭示经验的主题，没有理性地去提炼经验，就无法使感性认识上升到理性认识。很显然，那时候的我是黄老师在书中提到的"明师"的对立面，我付出了代价。

如果上面是典型的反面教材，那么我的另一段教学经历就是印证了黄老师思想的正面实例。在某次以"阅读课的读前活动"为主题的教研活动中，我对"通过阅读前利用标题和配图来预测文章内容，进而提高阅读速度"这一方法产生了浓厚的兴趣。为此在教研结束后的两周，遇到阅读课，我都会设计一个"读前看标题和配图预测文章内容"的教学活动。经过自己的切身实践，我体会到这个方法确实有效，并且写了一篇教研心得体会。这些经验改变了我的教学思路，使原本没有读前预测意识的我在教学中养成了引导学生读前预测的习惯。由此可见，教学经验需要我们有意识地用文字记录，再通过提炼和整理，帮助我们获得理性认识，进而转变我们的心智模式，使我们告别过去陈旧的教学理念。

心智模式难以转变的根源在于我们的惰性和不作为。

在日常工作中，我们很容易因为惰性而停留在舒适区中，消极地迎接各类教育挑战，看似以不变应万变，实则是一种不作为，容易让小矛盾转变为大矛盾。这一点在德育工作方面体现得更加明显。

上学期，我第一次担任班主任，在处理学生矛盾、组织班集体活动的过程当中，我发现男生小孙容易游离在班集体之外，没有玩伴，很少和同学说话，容易和同学起争执。起初，我并没有特别重视这个现象，只是一次次去了解矛盾发生的情况，缓和小孙与其他同学的矛盾，但这并没有降低小孙与其他同学起冲突的频率。最终，一次次的矛盾累积导致了总爆发，在一节体育课上小孙和同学们一起做游戏的时候，他因为其中一位男生破坏游戏规则而与之产生了肢体冲突。其他同学虽然不赞同违反规则的男生的做法，却没有站出来为小孙说公道话。这让小孙感受到了空前的孤立，情绪崩溃的他坐在操场上嚎啕大哭，不愿意回教室上课。这一次矛盾总爆发，让我认识到了情况的严重性，也让我下决心从源头上解决问题。在去操场的路上，我先找了班上几个小孙的小学同班同学，了解到小孙有些孩子气、容易激动，从小学起人缘一直不太好，基本没有交心的朋友。了解基本情况后，我来到操场，先扶小孙起身，牵着他的手在操场上一边走一边听他倾诉内心的委屈，安抚他的情绪，并从他的角度了解了整个事件的经过。接着，我把当时一起做游戏的所有同学都请到操场，听两位当事人和旁观者轮流描述事件经过，多方比对和确认细节后，客观公允地处置犯错的男生，同时抬高了小孙在整件事中的形象，帮助他获得同学们的认可。在妥善处理这次风波后，小孙慢慢开始学会控制自己冲动的情绪，和其他同学的关系有了明显好转。事后，我将这次经历作为一个案例写进了班主任工作手册，作为自己的育人经验。同时，这件事也让我反思——班主任千万不可以停留在舒适区，在生生矛盾、师生矛盾、家校矛盾出现的时候，一定要从源头出发分析问题、解决问题，不可图一时之安逸，不积极作为而任由矛盾发展。

告别固有观念，转变心智模式，是我本次阅读《走向实证——给教师的教科研建议》最大的体会。实现心智模式的转变，首要的工作便是我们有意识地用文字记录教学经验和德育经验，这是教科研的源头，也是目前我最需要完成的任务。

（上海市航头学校　沈佳乐）

建议

读后感要体现教师通过读书得到了收获。如何予以体现？可以通过知、思、悟、创四个方面体现。

读书有知（知识），增加了知识，如观点、金句、格言等。这些金句、名言还可以作为读后感的题目。如"不要把以前的荣誉和套路抱得太紧"，这个观点太好了，有实践性和针对性。

读书有思（思考），即想一想为什么。前面提到的《重要的是改变教师》的作者璩婉莹老师通过读书认识到"教师被固有思维框住，会产生种种弊端"。

读书有悟（觉悟），即感悟觉悟。《告别固有观念　转变心智模式》的作者沈佳乐老师通过阅读认识到，用文字记录对教育问题的思考，是心智模式转变的第一步；心智模式难以转变的根源在于惰性和不作为。

读书有创（创新），读书需要落实于行动，并且有所创新。《用访谈了解学生出错的原因》的作者严婷老师能够学用结合，把读书学到的访谈调查法运用到教学问题的搜集中，从而认识到学生错误的原因有点复杂，需要教师在弄清成因的前提下对症下药，防止简单否定，导致事倍功半，甚至造成师生关系紧张。

读书是为了自身的进步、教育教学的发展。在 AI 时代，教师心智模式的优化尤为重要。教师的心智模式是指教师在长期的教育教学实践中形成的思维方式、认知结构和行为习惯等。教师拥有的惯性思维可能会阻碍教师的成长。一旦有了心智模式的优化，可以更精准地诊断与指导，教师能够敏锐地察觉到学生在学习中遇到的困难，从而提供更有针对性的指导，而不是采用"一刀切"的教学方法。教师可以灵活运用教学方法，适应学生的需要而不是从自己的立场出发。教师关注学生个体差异，更加尊重每个学生的独特需求：对于学习进度较慢的学生，教师会给予更多的耐心和鼓励；对于有特殊才能的学生，教师会提供更多的发展机会。此外，有了心智模式的优化，教师更加注重培养学生的创新思维和批判性思维，更加注重培养学生的高阶思维能力。

第 二 章

叙事说理
——如何撰写教育案例

概述

一、认识教育案例

从某种意义上说，案例就是故事。教师的教育教学中发生的故事千千万，只是我们还没有养成记录的习惯，没有积极主动地用文字记录和积累。

成功的教育案例就是经验，失败的教育案例也有重要价值。对教育中的两难问题的认识、剖析，也很有现实意义，有助于教师培养辩证思维的能力。教师的教学常常有一点一滴的修改完善，这是经验，是教师的实践智慧，又是对教育理论的诠释。

我对教育案例的认识从阅读郑金洲教授的《案例教学指南》（华东师范大学出版社 2000 年）开始。那时，教师做课题研究的很少，怎么调动教师参与教科研的积极性，是我面对的实际问题。我感到教师撰写教育案例是研究起步和练笔的好方法，于是撰写培训教材、开展教师培训，还组织交流研讨。

2001 年，我去石笋幼儿园参加"农村幼儿园民俗民风教育"课题研究展示活动，园长与教师的不同想法给了我撰写文章的灵感，我请该幼儿园科研主任唐叶红老师把活动中的故事写下来，我给文章写评析。一篇《创新与完美——一次幼教研究成果展示活动引出的思考》得到《上海教育科研》志常务副主编张肇丰的认可，于该杂志 2001 年第 6 期刊登了。这件事激发了我在南汇区内推广教育案例的信心。然而，教育案例能不能作为教师的研究成果参加职称评审成了一个问题。一位教师的教育案例被评为区二等奖，作为申报职称的成果却被拒之门外。于是，教师的积极性受到打击。也有同事以此为题质疑教育案例的价值何在。

2002 年，上海市闵行区教育局联合上海市教科院普教所组织了一次教育案例评选活动，我作为南汇区教科室主任组织教师积极撰文参加，那次活动我区教师获奖不少。刘景升先生（时任闵行区教科所所长）提出了评选的四条标准：真实性、典型性、生动性、深刻性。那次评选活动对教育案例的普及推广起了重要作用。

二、教育案例的价值

有的专家看好教育案例。顾泠沅教授在谈到案例研究时说："从教师的专业意义上来看，一个精彩的案例不亚于一项教学理论研究。理论难免空泛，经验易致盲目，案例的研究正可弥补两者的缺失。我们开展群众性教育科研工作的特殊意义也正在这里。"不少人在谈到案例时这样说："案例是教学问题解决的源泉，案例是教师专业成长的阶梯，案例是教学理论的故乡。"

教育案例有助于教师学习运用理论、总结教改经验、促进交流研讨。

教育案例的内容贴近实际，材料来源丰富，写作形式自由，易于传播交流，对教师来说更易上手。学校和教师可以根据教改实际情况，确定一定阶段内的讨论主题，围绕某个主题或专题搜集材料、撰写案例、交流研讨，同时结合有关理论学习和实践反思，使教研活动更具有针对性和实效性。

从教师教育和校本研修促进教师专业成长的角度来说，通过案例研究，教师获取捕捉问题的敏锐性、洞察问题的深刻性、自我反思的批判性，不仅具有实际价值，也具有长远的意义。

三、案例研究新观点

目前，案例研究也逐渐进入学者的视野，并被广大教师喜闻乐见。现在的课题设计中常常出现案例研究的方法陈述，足以说明这一点。

案例研究是不是一种研究方法，学界对此持不同观点。有专家认同案例研究是一种可以选择运用的研究方法，也有专家认为它不是一种研究方法，只是研究中搜集证据的方法。

有编辑说，做个案研究的人经常被问到这样一个问题："你的样本选取有代表性吗？如果没有，那研究的意义何在？"在国内外社会学界，问卷调查成为主流研究方法，个案研究方法则受到较多批评。在各种批评意见中，代表性问题成为个案研究方法遭受批评最多的问题。例如，人们常常发出疑问：对个案的研究，能有代表性吗？能有多大的代表性？个案研究的结论怎么能推及总体？可以说，个案研究的代表性问题是国内外社会学界至今还没有完全解决的问题。

质性研究学者王宁在仔细阅读了罗伯特·殷（Robert K. Yin）的《案例研究：设计与方法》，并经过对该问题的长时间思考之后，得出了一些心得。他认为：不论个案研究的类型是什么，其研究目的主要是通过解剖"麻雀"，即对具有典型意义的个案进行研究，形成对某一类共性（或现象）的较为深入、详细和全面的认识，包括对"为什么"（解释性个案研究）和"怎么样"（描述性个案研究）等问题类型的认识。

个案研究是社会研究中一种非常有用的研究方法。它有助于我们对某一类别现象进行定性（或定质）认识，因而它常常与描述性、探索性和解释性研究结合在一起。既然是定性认识，个案研究对象所需要的就不是统计学意义上的代表性，而是质的分析所必需的典型性（在某种意义上也是一种代表性，即普遍性）。把统计性的代表性问题作为排斥和反对个案研究方法的理由，是对个案研究方法的逻辑基础的一种误解。个案研究方法的逻辑基础不是统计性的扩大化推理（从样本推论到总体），而是分析性的扩大化推理（从个案上升到理论）。因此，在个案研究中，个案所要求具备的，不是代表性，而是典型性；而典型性和代表性不可混为一谈。

我觉得，对教师来说，吸取专家的观点，融入研究的过程，把案例研究与写作做到对教育进步和个人成长有意义和价值就好。不管白猫黑猫，逮住老鼠就是好猫。至于案例研究是否算作研究方法，留给学界继续讨论吧。当然，教师能够阅读学习相关案例研究、个案研究文献，进而形成比较清晰的认识也是非常必要的。

例析

案例评析是案例研究中的一种表述文体，其核心结构可概括为"故事＋评析＋主题"。故事中隐含了主题，通过作者的分析与评论把主题揭示出来，从而完成客观性故事的主观性探究，实现意义提升与价值凸显。

我所见到的教育案例，最初以说理见长，例如《一个诚实与集体主义的两难问题讨论》（《上海教育科研》2000年第1期）中的案例；后来的案例以叙事见长的较为多见。

一、以说理见长的案例

"节外生枝"话生成

课堂，总是多变的。相信很多老师有过这样的经历：精心设计好的教案被教学中偶然出现的小插曲给搅了局，或者原先精妙的教学环节被打乱了，导致教学任务无法得到有效落实，以至于老师们手里捏着教案还总觉着心里没底。确实，正如教育家布卢姆所说的："人们无法预料教学所产生的成果的全部范围。没有预料不到的成果，教学也就不成为一种艺术了。"于是，在新课程的推进中，"预设"和"生成"这两个词又常挂在了我们的嘴边。

预设，顾名思义，是预测与设计的意思，是教师在课前根据教材情况、学生情况等对一节课进行有目的、有计划的设想和安排。而生成，则是在课堂教学情境中通过师生、生生互动，产生的超出教师教案设计的新问题、新情况，它往往是不可预测的。探究课中，由于学科的特性使然，教学中常常会有预设和生成发生冲撞的情况出现。在一次区级探究学科听课活动中我们就遭遇了一次这样的"节外生枝"。

那是一堂一年级探究活动课《我让水果不变色》。课前，老师为小朋友准备了很多探究材料：苹果、食盐、纸巾、水杯、保鲜膜、小刀等。在教学中，老师要指导学生运用这些材料探究让水果不变色的奥秘。课前面上得很顺利，但到了学生探究让水果不变色方法的实践活动时，一年级的孩子却有些手忙脚乱，其中一个孩子把水杯中的水打翻了。于是在交流实验结果的时候，当其他孩子兴奋地将自己观察到的现象告诉大家时，刚才打翻了水的小组，却在边上暗暗地相互责怪着——他们的苹果浸在只有半杯水的杯中变了色，很显然，他们的实验失败了！当然，一个小组的失败算不了什么，课还在继续进行着。然而，在一边听课的我看到了这一幕，想到了很多。

我们都说，教学过程是师生互动的过程，师生都是活生生的个体，在学习、交流的过程中，不可能按教师设计好的方案一成不变地进行。教学本不该成为教师执行教案的过程，而应该在预设与生成中交互发展。面对课堂上发生的种种小插曲，教师该如何临场利用好这些"原汁原味"的生成性资源，把原来课堂的"病点"转化成教学的亮点呢？对于在探究活动中起着主导作用的教师，我觉得有必要在以下几方面引起重视。

第一，用全新的眼光看待探究中的生成点。

上海"二期课改"提出了"以学生的发展为本"的教育理念，这就要求教师要重视学生在学习中的主体作用，树立起以学定教的教学观。学生是具有主观能动性的人，是具有创造性的生命体，他们作为一种活生生的力量，具有个体的独特个性，他们带着自己的知识、经验、思考和灵感参与课堂探究活动，怎么会只有一个模式的学习结果？要知道在探究课堂上，就是要让学生去找寻自己所不知道的。教师应用全新的眼光去看待探究活动中的生成点，而不应为教案执行中的"节外生枝"而懊恼。面对探究活动中打翻了的水杯，教师要做的不是予以忽略，而是要思考如何让这个新的生成为探究主题服务。按部就班地执行教学设计不是探究课应有的做法，教师要明白，自己不仅仅是对话的"提问者"、活动的"指导者"、学业的"评价者"，更应该是探究活动中动态生成的"重组者"。探究中，生成是永恒的，教师要把探究活动中的生成点看作一种教学资源，利用这些生成点进行教学的再设计，通过这样高一层面的重组，形成新的、具有连续性的兴奋点和教学步骤，使教学过程真正呈现出动态生成的创生性质。

第二，用精心的预设掌控探究中的生成点。

追求探究活动中的动态生成，并不是不要预设，也不是主张师生在课堂上展开信马由缰式的活动。凡事预则立，不预则废。预设是课堂教学的基本要求，探究活动也是一种教学活动，教学应是有目标、有计划的。没有预设教案的准备，我们的探究必然变成无效的活动，有其名而无其实。我们重视生成就还需强调预设，探究中只有充分的教学预设，对可能产生的情况分别作好不同的准备，才能达到预期的教学效果。例如，在让学生独立探究如何让水果不变色的过程中，教师就应该根据学生的年龄特点预设到他们在实验中可能会发生不同的情况：给苹果涂盐时，有的会涂多，有的会涂少；给苹果包保鲜膜时，有的会包紧一点，有的会包松一点……这些都会产生不同的实验结果。面对这些可能出现的情况，教师必须在课前有所准备、有所应对，只有把预设做得深入、具体、可操作，教师才能抓住随时生成的课堂资源！所以我们追求动态的课堂必须先强调充分的预设，只是这个预设不是单维的、封闭的、主观的线性教学设计，而应该是多维的、灵活的、开放的、动态的板块式设计。

第三，用智慧的眼睛捕捉探究中的生成点。

探究活动是一个动态的系统，在"二期课改"35分钟的课堂里，要求教师根据课堂变化的情形不断调整自己预设的教学行为，灵活机智地将生成的问题转化成教学中的闪光点。只是教学中的闪光点不是每个教师都能敏锐捕捉得到的，这包括很多方面，其中与教师的教育教学智慧有着很大的关系。

教师的教育教学智慧主要指教师能找准学生知识的起点，善于捕捉课堂中的生成性资源，创造性地使用教材和设计教学，根据课堂实际，合理调整教学策略和教学过程，体现课堂真实、自然的一面，再现师生间原汁原味的生活情景，促进师生的共同发展。例如在这节课中，教师完全可以将一个变了色的苹果和一个没有变色的苹果让学生进行比较，让他们去发现苹果没有变色的原因，相信学生在一杯水和半杯水的对比中完全可以找到让苹果不变色的方法。教师要善于对学生的"节外生枝"加以引导，巧妙利用，采取积极的应对措施，寻求教学的新的平衡，使整个探究过程从有序（预设）到无序（生成），再到有序（采取相应的对策）。

当然，教师的教育教学智慧并不是能在短时期内练就的，但教师在实施探究方案时，首先要敢于因势利导、打破计划，其次要不断对预定的目标、内容进行反思和调整。或许我们有的时候会在课后反思中发现自己课堂教学中的失误，发现自己的错失使原本可以精彩的课堂变得平淡，无法体验共生的精彩，同时也抹杀了学生的灵性。所以，课堂教学需要不断尝试、反思、改进，才能使我们的教学艺术得到提高，教学智慧得到提升，也使我们的探究焕发出生命的活力。

第四，用自主的学习激发探究中的生成点。

很难想象由教师牵着鼻子走的探究活动能使学生收获多少知识和能力，如果缺乏学生的积极参与，再好的预设恐怕也难以有动态生成的情景出现。想让教师课前预设的书面构想"鲜活"起来，还是要引领学生主动参与，提升自主学习的能力。教师必须让探究与人的生命、生活息息相关，让师生互动成为师生生命力动态生成的媒介，这才能使我们的探究课堂不断闪动生成的亮点。陆游有一句诗："纸上得来终觉浅，绝知此事要躬行。"在探究教学实践中，也是如此，教案只是教师课前对探究活动一厢情愿的想法，只有付诸实践，让学生动起来，我们才会发现学生其实就是最大的资源。

叶澜教授在她的"新基础教育"理论中，早就提出了课堂动态生成的观点："教师只要思想上真正顾及了学生多方面成长、顾及了生命活动的多面性和师生共同活动中多种组合和发展方式的可能性，就能发现课堂教学具有生成性的特征。"在新课程改革背景下，教师应该树立全新的课堂理念，既要预设更要生成，并使二者和谐共存、相互转化，使课堂充满变化，成为师生、生生互动交流，共享智识，焕发生命激情的富有个性的情境化场所。

（上海市周浦第二小学　王微）

说理见长的教育案例有它的作用，不过教师比较擅长的还是以叙事见长的教育案例。

二、以叙事见长的案例

我在南汇区推广教育案例写作中，曾经收到很多令人耳目一新的以叙事见长的教育案例。从这些教育案例分析，基本上形成了三种行文样式。一是"T"字型案例。一横表示故事，一竖表示评析。二是"干"字型案例。上面的两横是教学先后的两个故事，它们之间有改进的关系；一竖即评析。三是"甲"字型案例。一个教育故事由充满跌宕起伏的若干个小故事组成，形成"日"字型，一竖代表贯穿故事的立意。

1."T"字型案例

幼儿教育有成人化的趋向，可能存在着过于拔高和求全的弊端，只是我们没有用实验来证明，所以浑然不知其可能带来的危害。有一位教育前辈告诉我，幼儿教育就是让孩子充分地玩。当然，如何把一个"玩"字创造出富有教育智慧的活动来，需要教师好好设计。

顾筱兵老师是一位幼儿教师，以下是他探索玩"点名"的教育故事。

变着法儿玩"点名"
——我的幼儿教育故事

"点名"是幼儿园的一项常规动作。这样一个不起眼的活动，因为太"家常化"而变得习以为常，因为无趣可挖而淡出我们老师"研究"的视野。到了大班，幼儿也已经适应了"常规"而漫不经心。点名时有好多孩子不能集中注意力，和旁边的伙伴说着悄悄话；还有些孩子在没有点到自己时就已经喊了"到"，因为他想到了接下来就要喊自己的名字了，一个小错误引来孩子们一阵嬉笑。大家似乎都不在乎点名的老套。

我因参加教师培训而有幸读到了日本教育家佐藤学的《教师的挑战：宁静的课堂革命》一书，故事中的教师们通过转变自己的教学方式、观念，改变了孩子的学习方法，让宁静的课堂变得活跃起来，孩子们成了学习的主人，课堂中充满了合作，充满了温馨，每一个孩子都变得自信和大胆起来。我何不也试试对点名的挑战呢？

有一天，我提议由孩子自己按顺序报名字，看看谁最棒，能够记住自己在谁的后面，还能记住其他小朋友的顺序。这样一个小小的变动，让孩子们对点名感兴趣了，甚至有人提议："老师，明天还是这样点名好吗？"毕竟是大班的孩子了，有想法也敢提建议。于是，我从幼儿的喜欢中坚定了继续玩点名的信心。

我想起小班的一个活动"大声回答我在这里"中有一个环节也是点名。它讲的是小动物们上幼儿园了，熊老师开始点名，小兔子大声说"嗯，我在这里，我是聪明的小兔子"。接着是小猫说"嗯，我在这里，我是聪明的小猫"。点到了小猪，小猪却不敢大声回答，因为害羞。于是熊老师就请小动物们一起鼓励小猪，小猪大声说"我在这里，我是可爱的小猪"。最后，小班老师也开始点名，让孩子们学着小动物们的样子，大声回答，并且能够用不一样的语句回答。显然，这项活动的意义在于寓教于乐，帮助孩子克服害羞而变得大胆起来。

想到我教的孩子们。每次和家长交流时，总会听到家长说："哎呀！老师啊，我家这个孩子胆子特别小，总是喜欢缩在后面看着人家。""老师，有什么办法能让我宝贝大胆地表现自己？相信老师肯定比我们有办法！""老师，我家孩子怎么没一点耐心的？家里大人跟他说话他从来不肯好好听，真拿他没办法！"听着家长们焦虑的话语，我想，被圈养着的孩子，轻易没有地方可以"撒野"一下的孩子，变成这样也是必然的结果。问题是，我能用什么办法帮助孩子改变？

我决定尝试新玩法。

点名的时间又到了，有些孩子好奇地问："老师，今天怎么点名呀？"为了让活动更具神秘感和吸引力，我笑嘻嘻地说："等会儿就知道了。"点名开始了，孩子们都注视着我，眼中充满期待。我说："今天我们仍然自己喊名字按顺序报名，不过，今天是要介绍一下自己，因为从今天开始我们每天要选三名小记者。被选到的小朋友可以得到一颗星，并且可以带上'小蜜蜂'话筒去采访幼儿园里的老师和小朋友，然后说说幼儿园和班级里的新闻。"听我说完，孩子们一下子欢呼起来，"小蜜蜂"可是孩子们心仪的道具，每一次小舞台表演时，大家都非常想戴上它说说话、唱唱歌。我接着问："想不想试一试呀？"大家异口同声地回答："想。"我说："好，那么大声地介绍你自己吧。"

孙毅成是第一个，他站起来，慢悠悠地说："我是聪明好学的孙毅成。""呀，这四个字用得真棒，孙毅成就是这样的孩子，不过我希望后面的孩子声音要响亮哦。"接着是刘思琴，她说："我是爱干家务的刘思琴。"我一听觉得描述得很对："刘思琴每天回家帮妈妈带小弟弟，还帮妈妈洗菜，她真的非常棒！"之后，有孩子说"我是爱看书的×××"，有的说"我是爱折纸的×××"，有的说"我是乐于助人的×××"。大家都说得非常棒。

轮到了豆豆，他笑嘻嘻地站了起来，却不知道说什么。我问大家："你们觉得他是怎样的孩子呀？"孩子们几乎异口同声地说："他是吃饭吃得非常慢的豆豆，慢吞吞的豆豆。"说完，大家都笑起来了，豆豆自己也笑了。我知道大家都看到了豆豆的不足，就说："豆豆虽然吃饭慢，可是也有优点呀，我希望大家都能够说说自己和别人的优点，这样才能互相学习，越来越棒！"大家似乎想不出来，因为豆豆平常就是一个非常文静的男孩子，而且做任何事情都是慢吞吞的，吃饭还要老师帮忙喂几口。看到大家没反应，我连忙接口："其实豆豆非常爱干净，他每次画画后都会把桌子整理得干干净净的，我们也要向他学习。"豆豆终于说出了"我是爱干净的豆豆"。

邹晓丹是一个身心发展相对比较缓慢的孩子，口齿也不清楚，平常上课不愿意回答老师的问题，即使回答问题声音也很轻。轮到她介绍时，她说了一句："我爱画画。"我鼓励她："你喜欢画画，那么把你的名字说出来呀。"她看着我说："我是邹晓丹，我爱画画。"这句话有些响亮了，可是周围的孩子却说不能和别人一样的。邹晓丹的脸一下子红了，她紧张地看着我，对于大家的要求似乎害怕了。我知道孩子是有差异的，就打圆场说："今天是第一次玩这样的点名，有些小朋友没有准备好，所以说的一样没有关系，不过下次就不可以了。"孩子们听我这么一说，也都点头同意了。

余天乐是一个比较特殊的孩子，开学第一天还哭闹着不愿意上学，平常几乎不和同学们说话，上课也只是一个旁听者。我们和家长进行了沟通，父母说，孩子是因为不断换学习环境所以不能适应，而且缺乏自信，希望老师能够多关心他。经过一段时间的帮助，孩子进步了很多，上课能主动回答问题了。但是他和同学们的交流还是很少。今天，当点到他时，他却出乎意料地说了一句："我是自信的余天乐。"听到他说"自信"两个字，我有所震惊，这是我平常经常鼓励他的话，现在已经成为他的优点了。孩子知道自己身上的不足，也看到了自己的进步，变得自信了。我激动地马上表扬了他："天乐说得真好。最近天乐确实进步很大，上课能够积极听讲，大胆回答老师的问题，越来越有自信了，我们都要向他学习。"

活动结束了，我对孩子们说："今天，你们的表现都很棒，都能够用好听的话来介绍自己，下一次我们还要来玩一次，不过下一次我们要用一句更长、更好听的话来介绍自己。"

在第三阶段的点名活动中，我对孩子们提出了新的要求，要求在一句话中要描述自己的外貌，同时要说自己的兴趣爱好，最好再加上自己的优点。开始我也不确定，这样的要求对于大班的孩子是否有点难度，他们是否有压力。但我还是抱着试试看的心态尝试着玩点名。

我先请一些表达能力较强的孩子带头。第一个是蓓孜，她是这样说的："我是胖胖的，喜欢弹钢琴，又喜欢帮助别人的可爱的蓓孜。"接着是奚晟悦，她说："我是爱扎马尾辫的、爱跳舞的、上课认真听讲的奚晟悦。"或许是有了一个好的开头，孩子们纷纷举手要来尝试，有的说"我是眼睛大大的、爱跳舞的……"，有的说"我是帅气的、爱下棋的……"，还有的说"我是皮肤黑黑的、爱看书的……"。让我意想不到的是，孩子们对于外貌、兴趣和优点都能清楚地区分，还会用上自己熟悉的一些词语。

不过也有一些孩子处于模仿阶段，明明是高挑的个子，却说自己是矮矮的，明明是小眼睛，却说是眼睛大大的，还有些孩子用词不当，把自己的个子说成短短的，把调皮当成自己的优点等，不过我都给予了鼓励。我也提出了要求，让孩子们回家和爸爸、妈妈、爷爷、奶奶玩这个游戏，不断丰富自己的词汇。

这样的"玩中学"真的非常受孩子的欢迎，我们也通过家长开放日活动，让家长感受到点名活动的意义。家长们开始重视孩子词汇的积累，教给孩子一些描述外形、特征的形容词。

孩子的天性是好动好玩，对新奇的事物有足够的关注。寓学习于玩耍之中本来就是幼儿教育的本真。只是在把教育"精致化"的过程中，我们越来越疏离了教育的自然性，遗忘了教育的本真而去追求那种脱离孩子天性的教育。更不要说那种硬塞的教育、强灌的教育（如逼迫孩子弹琴，在幼儿时期强灌数学、外语），其实质已经是"反教育"了。

一个小小的点名活动，由于打破了陈规而获得了意想不到的收获，我的挑战变得有意义了。孩子们不仅开始喜欢这个活动，而且也每天期待这一刻的到来。

（上海浦东新区金爵幼儿园　顾筱兵）

顾老师的教育案例提示我们，教育教学活动也可以设计成好玩的事儿。让幼儿在玩中学，这是一种高超的教育艺术。一个"玩"字，展现的是教师的实践智慧。

顾老师撰写的案例由故事和评析组成，属于"T"字型案例。

2."干"字型案例

何强老师是一位初中语文教师，他的教育案例《体验"给糖哲学"》很有意思。其故事部分由先后两次不同的教学组成，第二次的教学改进由一个学习与反思的过程作为过渡与衔接，我把这种教育案例归为"干"字型案例。

体验"给糖哲学"

学完梁实秋的《学问与趣味》一文后，照例又是一堂练习课。第一个任务：在原文中找成语。为了照顾"趣味"，便以"快、准、多"者为优胜。学生很快进入角色，大家都聚精会神、小心翼翼地做起"学问"来。沙沙的翻书声不时打破教室的寂静，那地毯式的逐行排查，仿佛是在原野的矿堆里寻找金子一般，唯恐有所疏漏。限时已到，我问："同学们一共找到了几个成语？""8个。""9个。""12个。""14个。""16个。"……"我17个！"粗犷、浑厚的声音突然从中间后排处冒出。"好！就从你开始，由多到少，依次发言。"我不假思索，脱口而出。

"废寝忘食、锲而不舍、左右逢源、按部就班、浅尝辄止、自暴自弃、乐在其中、执笔为文、老之将至、自讨没趣……"这位"男高音选手"朗读时真有点眉飞色舞、得意忘形。大概是抱着"宁可错找一千，决不放过一个"之由，全然忘了一个"准"字，结果把许多词语误作了成语。其他学生则在下面窃笑不已。几轮发言之后，情况大同小异，最后仍由"节目主持人"——我来宣读标准答案："现身说法、涉笔成趣、视如敝屣、怡然自得、振振有词、科班出身、味同嚼蜡、无以复加……"范围逐渐缩小，目标愈加清晰。可我发现越往后越难，原先发过言的那些学生脸上的笑容在渐渐消失，再后来，大部分学生犹如泄了气的球，纷纷打蔫儿。面对此情此景，我急中生智，当即借用了梁实秋短文中的一段话："……在求学时代，应该暂且把趣味搁在一边，耐着性子接受教育的纪律，把自己锻炼成为坚实的材料。学问的趣味，留在将来慢慢享受一点也不迟。"

学生默然接受，整堂课在沉闷中草草收场了。

课后，我拖着沉重的脚步走出二（1）班教室。在办公室里，我开始装订最近印发的几期"剪报"，在第117期一页的末尾，台湾著名作家刘墉写的短文《给糖哲学》赫然映入我的眼帘——

一家原本蒸蒸日上的公司，这一年盈余大幅滑落，而年关又将至。按旧例，年终奖金至少加发两个月甚至加倍发。但现在计算下来，顶多够发一个月奖金了。可一旦被惯坏的员工们知道，士气必定严重下滑。总经理说：这好比每次抓一大把糖给孩子吃，突然改成一颗，小孩一定会吵。董事长听后顿悟：我小时候买糖总喜欢找那个每次先拿糖重量不足，然后再一颗颗往上加的店员，因其他店员都总先抓一大把糖去称，再一颗颗往回扣。其实最终拿到的糖没什么差异，但我喜欢前者。

不出两天，公司传出消息要裁员，一时人心惶惶。接着总经理宣布：我们还是同舟共济，共渡难关，只是年终奖金不可能发了。除夕将至，董事长召集各部门主管紧急商议。几分钟后消息传出："年终奖有了，整整一个月，且马上就发，让大家过个好年！"公司大楼里一片欢呼声，连坐在顶楼的董事长都感觉到了地板的震动……

心有灵犀一点通，给糖故事启发了董事长，同样，"给糖哲学"也深深地触动了我。第一堂课，我不就是那个不讨人喜欢的店员的翻版吗？不也做着"一颗颗往回扣"的傻事吗？何不试试变换一下角色，学学那个讨人喜欢的店员呢？这总比吊死在一棵树上强！

下午第一节，我胸有成竹地走进二（2）班教室，开始实施由少到多的递增法，事情的结局竟与那家公司的境况有异曲同工之妙。学生们表现出了极强的竞争欲、表现欲，相互不断补充，好似在金字塔基上不断"添砖加瓦"，最后一同登上顶峰，享受着"一览众山小"的愉悦。

积极性、趣味性是做学问的"助产士""催化剂"，如果想要到达知识的目的地，兴趣就是船上扬起的风帆。而我一边在讲授着《学问与趣味》，一边却放弃了做学问的趣味，丢弃了在趣味中求学问的学问，只是机械地、教条地为教而教，而"给糖哲学"着实为"教"与"学"指出了一种行之有效的教学方法，找到了一个成功的结合点：与其在缩小包围圈中让学生感到失望，还不如让学生在兴趣中扩大知识的搜索面，去体验做学问的趣味。

两节课，相同的内容、相同的目的、不同的策略，最终导致气氛、效果迥然不同。

如果说第一堂课后的反思体现了对行动的研究，那么第二堂课则是在行动中进行对比研究。

我想：即使在最困难的时候，也会有一套可行的解决问题的方法，关键是面对出现的问题要善于反思，不断修正、补充、总结，摸索出规律。这样，往往能出其不意，克"敌"制胜，给糖故事就是生活中活学活用的成功范例。其实在我们平时的教育教学中，充斥着无数类似"给糖哲学"的思想，就看我们是否能及时把握、开拓。这就是我体验"给糖哲学"的思考。

（载郑慧琦等主编《教师成为研究者》，上海教育出版社 2004 年）

3. "甲"字型案例

倪建红老师是一位初中数学教师，她写的教育案例《驾云，我心头难以抹去的痛》颇具教育的"临场感"。这是一个读后令人心情颇为沉重的话题，但是足以引起思考。我把这个案例归为"甲"字型案例。

驾云，我心头难以抹去的痛

病人是医生的一面镜子，照射出医生的成败得失。一位医生做了100个手术，99个成功，1个没成功，那1个没有成功的手术，往往就成了难以磨灭的心痛。

学生是教师的一面镜子。把我自己比作医生，学生驾云（化名）就是没成功的例子，尽管我也曾用心感化他。但是，临别前驾云的脸，带着一丝苦笑的尴尬、无奈，与他年龄不相称的"成熟"，深深定格在我脑海中，刻在我心上，成了我心头永不磨灭的记忆。

这孩子的故事，如一块警示牌，时时告诫我，小心地对待每一位孩子，他们的心很纯净，但是脆弱。

（一）

驾云是我上一届的学生，严格地说，我教了他不到两年半。印象中搜索不出驾云七年级的模样，他就是这么一个容易被老师忽略的对象：内向，言语不多，无显著的特长或明显的缺点，成绩不好也不坏。对他的关注是从八年级那一节班会课开始的。

那天下午学生去美术教室上完美术课，回来后七嘴八舌地向我汇报，说驾云弄坏了美术室的凳子，还死不承认，惹得美术老师很生气。我听了个大概，正好下一节课是班会课，就准备在班会课上处理。

班会课刚开始，我还没开口，推门进来的美术老师怒气冲冲地说："倪老师，你们班一个学生把凳子弄坏了，还不肯承认，你一定要把他抓出来，交到总务处进行赔偿！"我点点头，轻轻关上门。学生面面相觑，睁大眼睛看着我。我瞥了一眼驾云，此时他涨红了脸，低着头。我强忍愤怒，一字一句地说："大家都知道了，美术室的凳子是公物，损坏了理应赔偿，既然是在我们班上课时损坏的，那一定与我们班的同学有关……"话音未落，只听得"哐"的一声，驾云把面前的课桌重重地抬起又摔下，用几近咆哮的声音吼道："我说了不是我，为什么所有的人都不相信我！"全班同学包括我都被吓了一大跳！教室里顿时鸦雀无声。我只觉得自己心跳加快，从没见过一个学生有这么大的怒气！难道我们都错怪他了？我深深吸了一口气，换了一种比较柔和的语气说："老师说与我们班的同学有关，但具体是谁老师还要调查清楚，我不会冤枉任何一个同学的！"

驾云稍微缓和了一些，慢慢地坐下了。我觉得在这种氛围下再调查此事不妥，于是换了个话题，继续进行班会课的教育。

课后，我详细问了几个同学，了解到那个凳子不是驾云的位子，后来不知怎的驾云坐了上去，再后来凳子就坏了，凳子原来的主人见凳子坏了，马上向老师汇报，所以几乎所有人都认为凳子是驾云弄坏的。

我又去美术室看了一下，凳子的确是坏了。怎么处理呢？看驾云的反应，应该不像是他弄坏的吧？至少不是故意的。

想了一个晚上，第二天，我对全班同学说："这个凳子估计本来就不太牢靠，在它马上要倒下的时候，我们的驾云同学倒霉兮兮碰巧就坐上去了，其实谁坐上去它都会坏掉的。没事，至少我们人没摔坏！"大家听了都哈哈大笑。

正巧有一名学生的爸爸是木匠，我就打电话叫他帮忙修好了。这事就这么结束了，我自以为解决得还比较完美。

（二）

其实我想错了。首先，驾云的爸爸生气了。一定是驾云在我没处理这件事之前回家把这事告诉他了，隔了一天他爸爸就怒气冲冲地来到学校，没直接找我，而是去德育处告了我一状，说我不分青红皂白冤枉学生。当然，后来我解释清楚了，他没说什么就气呼呼地走了。

让我始料不及的是，驾云开始对所有人怀有敌意了。在他的周记里，出现了"这世上没有一个是好人！所谓的朋友都是虚情假意的！"等极端的话语。我想可能是事情刚发生，他还没缓过情绪来吧，过一阵应该就没事了。可是，接下来的事态远远超出了我的估计，他开始厌学，继而逃学！

我紧张起来，多次做他的思想工作，联系家长，告知学校，甚至暗地里派了两名学生"监视"他，请他们一旦发现他开溜了马上告诉我。所有这些措施都没有收到效果，驾云一蹶不振、自暴自弃了！不知从何时起他迷上了游戏机，整晚不归，本身也贪玩的父母简直拿他没办法了。

虽然后来在重重压力之下，他回到了学校，但他一进教室便倒头大睡，睡得满脸通红，睡得昏天黑地，仿佛几天几夜没睡似的。后来我了解到，他晚上总是趁父母睡着之后偷偷溜出去泡网吧。

除了我，几乎所有的老师都放弃了他。一开始我向他收作业，他显得很惊讶，睁大眼睛看着我。我淡淡地说："老师觉得你脑子挺聪明的，数学一定能学好！哪怕不会做，你只抄题目也行，但本子必须交给我。"于是，他只有在我的数学课上还能听一会儿，作业时做时不做，但每次都能交。

我有个习惯，每天到学校就先进教室，把包往教室后的办公桌上随手一放（学校在教室最后面放置了班主任的办公桌，倡导班主任进教室办公）。有一天，驾云忽然拿了一把带钥匙的小锁给我，说："老师，你包放在教室里不安全，我给你一把锁吧，这样你就能把它锁在下面的箱子里。"这回轮到我吃惊了，感动到只剩下说"谢谢"两字。他给了我一个微笑，露出一口洁白的牙。几年过去了，这笑容像有魔力似的镌刻在我心里，挥之不去。

暑假里，我去他家访问了一次。半路上，我骑的助动车突然坏了，在路边的修车行耽搁了半个多小时，三十七八度的高温蒸得我烦躁不已。到了他家，家里竟然没人！其实，事先我跟他爸爸电话联系过的。邻居说他爸爸到隔壁人家打麻将去了，好心地替我去叫他。

我在楼下打量他的家。这是怎样一个"大家"啊！前前后后房子不下十来间吧！听驾云说，他家快要拆迁了，他爸在自己家周围扩建了好几间平房，现在作为出租房借给外地民工，以后就算作拆迁的补偿面积了。

看着眼前挂满的衣服、堆积的杂物，就足以想象驾云生活在一个怎样嘈杂的环境里。

十多分钟后，他爸爸来了，说是在家等了会儿，以为老师不来了，所以刚去麻将室。我问他驾云呢。他叹了口气，说："老师你就甭操这个心了，放假以来我们都难得见他几回，老是跟几个邻村的外地人混在一块儿，这会儿大概又去什么网吧了。我们也管不了了，由着他去吧。"我的心又沉重起来，见驾云爸爸心不在焉的样子，我说了几句话就告辞了。

（三）

到了初三，驾云还是老样子，不停地玩"逃学—被抓"的"游戏"。学校考虑再三，怕他在外出事影响学校声誉，就跟他家长商量，把他送去了工读学校。

这个结果不是我希望的，但我无能为力！面对初三中考的压力、繁重的教学任务，我没有更多精力去照顾他、开导他。

拍毕业照时，学校通知他过来。他来找我，人看上去精神了好多，还是对我微笑，一口洁白的牙刺得我眼睛直疼。他说："在那里挺好的，还是数学课代表呢。"我苦笑，叫他记得放假了来拿毕业照。但那张毕业照他始终没来拿，一直压在我的办公桌玻璃台板下，在全体穿校服的学生里，没穿校服的他显得格外扎眼。

我常常看着照片中的他发呆，想着他发怒的表情和微笑的白牙。如果我的工作做得再细些，如果他的父母不放弃他，如果学校不因自己的声誉而推他到工读学校……他会是什么样子？他现在过得还好吗？驾云，你永远是我心底的痛！

我的同事、好友劝我不必太在意驾云这事，教育并非万能，我们做教育者的"法力"也有限，"没有教不好的学生"是一句口号，不是教育的真实。但我还是常常陷入自责中。

近来读《教师月刊》，有窦桂梅老师的出访文章《乌克兰教育笔记——文学的力量》，她写到苏霍姆林斯基对孩子的认识："在每个孩子心中最隐秘的一角，都有一根独特的琴弦，拨动它就会发出特有的音响，要使孩子的心同我讲的话发生共鸣，我自身就需要同孩子的心弦对准音准。"

我顿时醒悟，没有找到驾云的那根心弦，更没有对准驾云心弦的"音准"，是我的教育感化没在驾云身上起作用的原因之一。联想到南京行知小学杨瑞清校长提出的教师要有"花苞心态"的观点，我渐渐体会到，自然界中每一种生命的存在都是合理的，无论低等还是高等，无论简单还是复杂，也无论是否开花，无论花期早晚，我们唯有敬畏每一个生命，才会小心翼翼地扶持它、呵护它。

为师的路途还十分长，我必须以驾云为镜子，时时告诫自己：敬畏生命，成全生命。

但愿驾云的故事不会在我的教育生涯中重演。

（上海市实验学校附属光明学校　倪建红）

阅读这篇文章，能够让我们体会到教育案例的真实性——真实的故事，生动性——生动的叙述，深刻性——深刻地揭示案例故事隐含的教育意义。

生动阐述的教育案例，是与教师的教育论文不同的一种叙说话语（广义上说，所有的教育写作都是经验总结）。案例可以把教师的心路历程呈现出来，获得隐性心理活动的"显性化"，开诚布公便于交流分享，读者可以在阅读中进入作者的心灵世界，产生共鸣。

教师拥有学生观、教育观、教学观和成长观。这些观念不是先天就有的，不是与生俱来的产物，而是后天慢慢形成的教育哲学观。倪老师的文章体现了她的学生观、教育观。一个在教师心中留下深深刻痕的教育案例，对教师转变观念、构建正确的教育哲学观，有着不可替代的作用。观念的转变不是靠培训、听课就能够实现的，需要于体会中获得感悟，生成新观念。

建议

教育案例特别适合教师撰写，不管是年轻教师还是成熟教师。教育生活中每天都在发生着各种各样的教育故事，只是我们没有养成记录的习惯。

这些带着生活气息的案例是开展教育研究的第一手资料，如果没有教育生活的田野考察和田野研究，很有可能会产生"对着空气跳舞"的空泛研究，一厢情愿式的研究。

案例的三要素是：故事＋评析＋主题。

故事是案例的基础，是研究的对象。

评析是"调料"，凭借"厨师"的本领，通过"调配操作"，做成精美的"菜肴"。没有评析的案例，只是素材的堆砌。

主题是"题眼"，是画龙点睛之笔。没有点睛之笔，案例就呆板，"站"不起来。这也是教师写案例最难的地方。主题首先体现在案例文章的题目上。一篇好的案例必有一个好题目，如果还没有找到一个合适的、抓人眼球的题目，那么作者还要下功夫，苦思冥想。主题一般体现在题目上，然后体现在文章的中心句或中心段中。

有了主题，在行文上就有了详略的依据，有了评析的方向。我们提倡一个案例围绕一个主题展开，千万不要笼而统之、大而失当。

教育案例的撰写是教师走进教育写作的"学徒生活"，有了教育案例撰写的基础，一旦需要撰写"课堂观察与分析"，教师会驾轻就熟地把撰写教育案例的本领迁移过去。

教师做课题研究，也需要有撰写教育案例的功底垫底。教师的行动研究可以把研究的过程性资料用叙事的笔法呈现出来，以增加可读性和可信度。

第 三 章

促进思维
——教育随笔与视角

概述

一、何谓教育随笔

教育随笔就是用随笔的形式，反映教育实践中的经验、教训和感受、体会，或针对教育实践中的问题发表自己的意见、见解。教育随笔力图用富有生命活力的文字表达理性的思考，用诗意的语言描绘多彩的教育世界。

教育随笔有如下特点：一是短小精悍。它一般篇幅不长，不用经过缜密的构思后再动笔，而是像写日记一样，兴之所至，一挥而就，把教育实践中最有意义的所见、所闻、所感、所历铺展成文。二是迅速及时。教育随笔像新闻报道一样，有较强的时效性。我们如果对见闻、体会、意见、看法等不及时进行记录，再回首时就会失去灵感。三是取材广泛。就大的方面而言，可以涉及教育方针、教育思想、教学原则、教学方法等；就小的方面而言，可以针对一件事、一个字词、一句话、一个动作、一点感触、一个问题等教育第一线最具体的东西发表见解。

二、随笔不常写的原因

就教师的教育写作来说，撰写随笔的普通教师不多。究其原因，与现实有关。我们有论文、案例的评选活动，有撰写课例研究与课题研究报告的布置与评审，有文献综述的评选活动，也有公开课的比赛与评奖，却很少有教育随笔的比赛评选。

教育随笔因为随时、随手、随心而灵活多变，表面上看，撰写教育随笔的要求比较少，很难制定标准。而少了规范和规则，如果搞评选，评委进行评审就会有点困难。

教育随笔往往是随心所为，看似容易，实际上想写好很难。要做到"无模"胜"有模"，需要高超的思维与技法。能够写出高质量的教育随笔的往往是专家学者、名校长、名师，这与他们的理论功底强于普通教师有关。

吴非老师是学界公认的散文家，他的《不跪着教书》《前方是什么》等随笔集堪为经典。肖川教授说，他自己对教育产生重大影响的不是论文和研究报告，尽管教授评审需要有课题研究报告作为成果，他的四本教育随笔集《教育的理想与信念》《教育的智慧与真情》《教育的使命与责任》《教育的情趣与艺术》是他影响深远、引以为豪的著作。李镇西老师的《我的教育心》、李希贵校长的《面向个体的教育》都对我们一线教师产生了积极的影响。《文汇报》记者苏军的教育随笔集《教育101》，收集了作者自2001年10月8日起在《文汇报·文汇时评》上的101篇教育随笔。我那时几乎每天阅读《文汇报》上苏军的时评，还做了剪报资料本，阅读中常常有醍醐灌顶之感，获益良多。

三、教育随笔与读后感、教育案例的异同

教育随笔与读后感、教育案例有何异同？相同之处在于写作的基本规

范是一致的，都有立意、选材和行文的通则。不同在何处？如果硬要说点区别，我认为读后感是读者阅读书刊时文以后的吸收，吸收作者的先进思想为我所用。多读书多写读后感，就是理论视角的积累。教育案例是教育人生故事的记录，然后对故事作出分析与评论（写成案例评析），它可以与人分享交流，留下供理论研究的素材资料。而教育随笔的写作方法更灵活，是通过对阅读材料、教育现象、他人结论的分析，引出新的诠释、阐发，乃至新解。教师撰写教育随笔可以促进思维能力的提升。

四、阅读学习，领悟思想观点

对一线教师来说，重要的不是撰写教育随笔，而是阅读学习，领悟文中蕴含的思想观点，修炼出"自由思想""独立精神"，然后把这八个字与丰富实践结合起来，做一个有思想的实践者、有思想的实践研究者。我希望教师在阅读大师和名师的教育随笔中领悟思想、培育精神，特别是建立理论视角，这是对教育分析、评论的锐利武器，也是撰写出与众不同的有思想高度和辨析深度的教育文章的底气所在。

例析

我在撰写这一章的例析时，在如何进行分类方面遇到了困难。而记者苏军在《教育101》中的分类给了我启发。他在该书的序言中说，此书由四部分组成，重头部分是"教育101时评"——对一种现象和一件事情或同类事件等，尽量从作者以为的"教育学"角度，进行一些分析，可能会提供一些"另类"的视角和出人意料的"结语"。其他部分是："教育101性"——以教育的特性为线索，尽量从作者以为的"本原基理"出发，进行诠释，还试图有些创新；"教育101物"——将存在于校园的"东西"，尽量从作者以为的"物载理寓"的角度，给予教育的新解；"教育101气"——真有点挖空心思，将能成"气"的拿来，尽量从作者以为的"拓展思维"着手，进行扼要式的阐发。

一、生命化教育的价值观——对学生的尊重

苏军说，专家教授与名师往往能够提供给我们一些"另类"的视角和出人意料的"结语"。肖川教授所写的《从〈儿童权利公约〉说起》就是很好的例子。

从《儿童权利公约》说起

1989年11月20日，《儿童权利公约》由联合国大会通过。其中有这样一项内容："确保有主见能力的儿童有权对影响到其本人的一切事项自由发表自己的意见，对儿童的意见应按照其年龄和成熟程度给以适当的看待。"

联合国儿童权利委员会副主席汉姆柏格先生对体现《儿童权利公约》基本精神的四个原则做了说明：（1）儿童最佳利益原则。任何事情凡是涉及儿童，必须以儿童利益为重。（2）尊重儿童尊严的原则。这条原则与儿童的发展和生存权利有关，但其意义不仅仅局限于儿童"不被杀"，它指向儿童生存与发展的质量问题。（3）尊重儿童的观点和意见的原则。任何事情如果涉及儿童本人，必须认真听取儿童自己的观点和意见。（4）无歧视原则。不管儿童的社会背景如何，儿童的出身、贫富状况怎样，不论男孩还是女孩、正常儿童还是残疾儿童，都应当得到平等对待，而不应当受到任何歧视或忽视。

而在我们的现实生活中，我们习惯于以成年人的是非标准衡量一切，以成年人心目中的理想的模式为孩子设计未来。这不仅剥夺了孩子自主解决问题、自主选择发展道路的权利，而且也极易养成孩子被动与依赖的性格，而不利于独立地、自信地面对世界。

我们有一句口头禅："好孩子一定要听大人的话。"言下之意就是不听大人的话的孩子不是好孩子。有人把我们的教育称为"听话的教育"，联系一下我们的现实，这种说法不是没有根据的。别的不敢说，可以肯定的是，"听话的教育"肯定不利于富于个性的人、富于创新精神与创新能力的人的培养。

我们的家长，包括相当多的老师都是真心实意爱孩子的。但完整的爱、健康的爱，理当包括这样五个要素：了解、尊重、关怀、给予、责任。这五者是一个整体。倘若缺乏了解，爱就是盲目的；倘若缺乏足够的尊重，爱就会变为支配与控制；倘若缺乏关怀和给予，爱就是空洞和苍白的；倘若缺乏责任，爱就是轻薄的。这在任何的人与人的关系中，都是如此。

在学校教育中，我们非常严重的不足就是，我们的教师很少从学生的需要、兴趣组织学习内容，很少关注学生在学习过程中的感受，很少关注每一个学生的现实处境。对待学生的态度，在很大程度上，能够折射出教师的人格修养，正如一个社会怎样对待处境最为不利的群体，能够反映出一个社会的文明程度一样。

（载肖川《教育的理想与信念》，岳麓书社 2002 年）

肖川教授的随笔提出了一个非常重要的命题，深刻揭示了尊重学生的重要性，对教师理解今天的核心素养教育极有启发。如今，肖川教授仍然孜孜不倦倡导生命化教育，这是抓住了教育的核心品质之举。

来自台湾的黄欣雯老师，在进行生命化教育的实践研究上积累了丰富的经验。我在听了她的生命教育课后，深有感触，写了《欣雯老师的好故事》与大家分享。

欣雯老师的好故事

参加由生命化教育总课题组发起、铜陵市教育局主持的"课堂与叙事"研修，收获多多。名师汇聚，好课连连，目不暇接。

这次由台湾教育学者黄欣雯老师上的生命教育课《敌人派》，是最后一天的"压哨"课，欣雯老师声音洪亮，教学富有哲理。欣雯老师一直用讲故事的形式践行生命教育，来上海后在她儿子的学校首先实践，好事传千里，如今她已经在许多地方讲过生命教育的故事课。

我初识欣雯老师是2010年4月在石梅小学的会场，那次她讲了一个关于警官和小狗的绘本故事。我当即邀请她到浦东新区讲课。

这次在铜陵，她讲的是绘本故事《敌人派》：小强对新邻居小杰存有偏见，以为小杰"处处与自己作对"，所以是他的敌人。为了消灭敌人，他设想了许多办法。一次偶然的机会，他走近了小杰。在两个人一起玩耍的过程中，小强明白小杰不是敌人，是自己误会了小杰。于是小强和小杰成了好朋友。而后，欣雯老师通过提问步步深入挖掘故事隐含的道理，让孩子自己说出从中认识的事物。

一个小故事，讲出一番大道理，完全是哲学层面的命题——人因为认识的片面而存在偏见，所以要学会不被偏见遮挡。讲的是大道理，而听者不觉得累，轻松愉快地得到收获。

欣雯老师紧接着作了一个精彩的讲座，把"故事妈妈"团队演绎的生命教育从理性层面作了诠释，它有理论基础和完整框架，有操作的基本流程。所有的"故事妈妈"在进入孩子的课堂前，都必须接受严格的培训，以保证她的生命教育"不走样"。

同样的命题，关于敌人和朋友，关于误会和偏见，如果由我们的班主任来上班会课，会是什么样子呢？我推测，大概不会缺少"说教"吧！如果由我们的思品课老师来讲，又是一个什么样子呢？大概不会偏离"考试"吧！

观课者一定不会忘记的是，欣雯老师教学的第一环节是请每一个孩子把一张纸折成一个台卡，写上自己的姓名并放在自己的桌面上。欣雯老师每一次叫学生发言，一定称呼学生的名字，且不加姓（除非这学生是单名）。这事虽然很小很细，折射的却是大观念——每一个孩子都是值得老师尊重的生命，每一个孩子都有自己的尊严。

在好多孩子得到发言机会后，欣雯老师问：谁还没有与大家分享自己的经验？于是，没有发言的孩子得以优先。对孩子这个独一无二的生命体的尊重，已经渗入了欣雯老师的骨髓，在细节上得以体现。这难能可贵，也不难学习，关键在于是把孩子（生命）看得很重，还是把其他东西看得很重，比方分数、名利。

那天坐我旁边的是铜陵十四中的叶老师。我说这节课一定会给这些孩子留下深深的记忆，对孩子产生难以预料的影响，他深表赞同。

其实何止对孩子，对我们老师也产生了深深的影响。"月来室主人"陈老师表示，他将会到女儿的班级给幼儿讲故事。夏坤老师表示，欣雯老师的课对他产生了强烈冲击，他要转变自己的教学风格。文丽老师对欣雯老师的课赞赏有加，希望欣雯老师给更多的老师讲生命教育课。

回上海的路上，我、文丽老师和欣雯老师同行，欣雯老师一路上讲了不少她儿子的事。这些天14岁的小男孩一个人从浦东机场坐飞机返回台湾看爷爷奶奶、外公外婆去了，行李是自己准备的，到台湾后的行程自己安排，还为了节约车费，不打出租车而改坐火车。当奶奶打电话给欣雯老师报平安并表示心疼孙子时，欣雯老师说："不要心疼孩子，要为孩子肯吃苦高兴！"

我印象最深的故事是，她儿子一次考试成绩不佳，他说："妈妈，一次考试成绩，其实不代表什么啊！"这样富有教育内涵的话令教育专家——上海市长宁区的德育主任都深感吃惊和钦佩。这大概就是生命教育的印记在孩子身上的反映。

二、教育改革的辩证思考

有的专家的见解能够从我以为的"本原基理"出发，进行诠释，还试图有些创新。

陆有铨教授的随笔《"不做"也应该是一种教育方法》（载《教师月刊》2010年第1期）的开头和结尾告诉我们：

在学校教育领域，一讲到"教育"，教育者首先想到的是，如何对受教育者施以影响。用一句简单的话来说，教育意味着教育者必须"做（教）"些什么。有关教育的著作或文章，几乎都是讨论教育者应该如何"做（教）"的问题。这种看问题的角度是可以讨论的。我觉得，教育固然需要通过种种"做（教）"的方法以达到目的，但是，"不做（教）"也应该是一种教育方法。关于这一点，我觉得可以通过人与自然的关系得到说明……

我们强调"不做（教）"也是一种教育方法，乃是针对"教育不当"或"过度教育"的现象而发的议论，丝毫没有主张教师应该消极无为的意思。在实际的教育活动中，"教"的活动是大量的、主要的，教师责无旁贷，但这并不排斥"不教"的方法。事实上，"不教"对教师提出了更高的要求。除要严于律己、为人师表之外，教师还要能够正确判断，在什么情况下，"不教"效果会更好。

受到陆教授的启发，我撰写了一篇随笔，提出"休养生息"的观点。

教育，该"休养生息"了

教育改革，从"一期课改"到"二期课改"，历时 20 余年。从必修课、选修课、活动课的板块设计到基础性课程、拓展性课程、研究性课程的板块设计，一幅宏伟蓝图就此绘就。然而，走进学校、课堂、家庭，看看教育的实然状态：分数揪心、教育扭曲……现实中问题多多。板子当然不应该打在教育改革上。

日前，参加一个教育专业会议，有一位专家谈到了对教育的担心。他谈到了近期一位教育部领导的讲话，说教育改革，不改不行，改了也不行，乱改肯定不行。此话一言中的，揭示了当前教育改革的要害。

联系到我身边亲历的几件小事，颇有想法。

一位身处教育界的政协委员朋友，对教育时时关心，处处留意。他说，改革不是革命，不能全盘否定。改革是改良，不能推倒重来。我赞成，改革是渐进的。

有一位校长对我说，当我们呼吁实施素质教育时，往往把"应试教育"作为对立面来立论，因为要实施素质教育，所以先"批判"应试教育。泼出脏水把孩子也扔掉了，愚蠢！

教育是承袭。有一位名校的校长说：我从来不提口号，只是按教育的本来面目做教育，不会被此口号彼口号搞得神经兮兮。一如既往地沿着教育的核心要素干活。此话不新鲜，却管用。

面对当前的教育改革，我揣摩，可能会出现两种截然相反的路径选择。

一是加大改革力度的路径选择。此举的潜台词是，因为改革力度尚不够，所以没有收到理想的效果。以教师的培训为例，因为教师是教育改革成败的关键，所以对教师的培训名目可能会更多，力度会更大。到基层学校与教师聊天，对"过度培训"老师们很反感，他们的感觉是很累很累。对那些形式主义的培训和增加学分不增加能力的培训，他们怨声载道。加大培训力度，会不会成为"飞机扌跳蚤"，无功而返？教师培训真值得好好研究一番。

人事制度的改革，也是教育改革的举措之一。校长必须定期轮岗，就是其中之一。其立论的依据到底是什么，没有人解释也无从知晓。从基层反馈的情况看，听说以后校长要大轮岗，有人已经直言，不要再吃力地行动了，何必为后任做功劳呢！换一种思路行不行？

二是持相反思路的路径选择。像那位不提口号、静心做教育的校长，让教育改革不再成为使人担忧的举措，让学校在自我修复的静心修养、慢慢成长中获得发展。学一学苏霍姆林斯基在帕夫雷什中学所做的教育。

外来的冲击力过于强大，有时让置身其中的校长、教师，反而不能以自己的主观能动性来行事。在评价制度重文本、轻实践的时候，不做文本、重实效者反而吃亏了，于是人人都学"乖巧"了。教育失去了应有的品格，还像教育吗？乱改肯定不行，听此言而沉思，或许我们教育者该另辟路径而行之。

回归"自然"，让教育生态渐渐恢复"平衡"，让学校在自然的环抱里，静静地休养生息，慢慢地成长发展，或许是一种明智的选择。

三、就事论理的教育见解

教育随笔可以将一时存在于校园的"东西"，尽量从作者以为的"物载理寓"的角度，给予教育的见解。比如下面我写的一篇随笔。

想起了昆虫学家法布尔

2009年，我在单位的网页上，看到了一条消息，同事某老师承担了一项国家级重点课题，我甚为意外。一位基层进修学院的教师，承担了一项国家级重点课题的消息要么是"放卫星"，要么是误报道。因为就消息中所说的课题名称，实难与国家级重点课题匹配。

在我的认识中，堪承担国家级重点课题者，必身怀超出常人的能力，胸有匠心独具的学问。记得一次参加一所农村小学的课题成果展示，该校校长汇报研究的成果时，屏幕上打出了他荣获"世界名人"称号的证书。与会者都相视一笑，校长自己也笑了起来。

由此，我想起了被称为"方砖上的提灯人"的著名昆虫学家法布尔。有文章写道，一天晚上，法布尔提了一盏马灯走在方砖地上，当马灯照亮一块方砖时，亮处外的黑暗边线是方砖的4条边线。当马灯照亮4块方砖时，亮处外的黑暗边线是4块方砖的边线，共8个方砖的边长。作者由此得出了新的发现。

作者引申出的认识是，像法布尔，以及许多名人，他们知道的比常人多，所以自感未知的世界也比常人多。因此他们孜孜以求探索未知的世界，为人朴实，为学踏实，绝不好高骛远、口出狂言。反之，学问越少，倒是越觉得未知的也少。

常有基层老师来我所在的教师进修学院进修学习，谈及我的一些同事时，纷纷赞扬他们为人谦虚，与老师们保持平视式对话。而对那些态度傲慢，甚至仗势压人的同事，老师们则表示不满。我也有同感。

因为工作，我有幸结识了知名度很高的顾泠沅、王栋生（笔名吴非）、刘定一、周星增等老师。在接触中，深深感受到他们平易近人的朴实，学问思想的高深，不禁肃然起敬，仰视他们的为人为学，从心底流出向他们学习的愿望。

有一年，我带了工作室的学员慕名到南京听王栋生老师的报告。等在学校门口的我们，远远看见一位身穿旧夹克、手提布袋的人，南京教科所的刘所长介绍说这就是王老师。我们甚为意外，难以把他与早已仰慕的、大名鼎鼎的吴非老师联系起来。他的报告，妙语连珠，认识深刻，抨击教育时弊入木三分。报告进行了两个多小时，我想打住。王老师却让学员提问题，又对话了半个多小时。学员回来后写的感想中，纷纷表示对他的崇敬之心。

上海人民艺术剧院院长沙叶新在自己的名片上这样写：上海人民艺术剧院院长，暂时的；剧作家，永远的；其他的头衔，挂名的。幽默调侃的背后是智慧。我常想，课题打上了"国家级"标记就一定超过市级吗？打上"市级"标记就一定高于区县级吗？问题不在于"级"的高低，而在于成果的先进性、实效性，是否有新的创见，是否能解决实际问题。

无论从哪一个角度说，今天，我们需要提倡的仍然是虚怀若谷，名实相符。名不符实，会贻笑大方。为人师表的人民教师，更需要时时提醒自己。

四、教师教育的理想和实践

教育随笔有时如苏军所言，"真有点挖空心思，将能成'气'的拿来，尽量从作者以为的'拓展思维'着手，进行扼要式的阐发"。比如下面我写的这篇随笔。

圆梦优秀，路在何方？

对优秀教师的渴求，从来没有像今天这样，成为教育的热门话题和媒体使用频率如此高的词语。各级政府在这上面舍得花钱也是前所未有。对每一位老师来说，无论是曾经有过优秀梦的，还是今天依然在努力圆优秀梦的，都需要回答这样一个问题：圆梦优秀，路在何方？

（一）

教师何以成为优秀教师？这是我们一直试图破解的题目。

我曾经是南汇中学的历史教师，又做过教研员，也参与了培训部的培训工作。做教研员既搞教研活动，也着手培养教师，做了大量工作，出了一批优秀教师。但不能忽视的是，客观情况至少有四种。一是优秀的依然优秀；二是平庸的依然平庸；三是年轻一代中的佼佼者成为优秀；四是曾经的优秀者不进则退，进入了"平稳"期甚至有点平庸。这种现象迫使我思考：怎样的培训才更有效？优秀之路是否有必然性？

后来做了科研员，有了研究的条件，我首先着手的课题是"××区优秀教师成才溯源的调查研究"。根据自己的经验判断，可以从五个方面着手作调研：一是优秀教师的理想信念，二是优秀教师成长中的内外因素，三是优秀教师成长路途的关键，四是公开课、评选课对优秀教师成长的作用，五是各类培训对优秀教师成长的作用。研究报告约5000字，表格、数据加阐述，初看像模像样。但是今天看来，那时我并没有找到足以解释优秀的关键之处。而后，我还在冥思苦想。

（二）

一次偶然的机会，在市教科院普教所内部的学习活动中，我聆听了顾泠沅教授的报告，他既介绍了自己的教师教育研究，也介绍了香港大学徐碧美教授的研究成果，指出徐教授的新著《追求卓越——教师专业发展案例研究》的价值。会后，我找了教科院的好友郑慧琦老师，希望她帮我买这本书，可是她没有办法帮我。郑老师对我说，可能周卫老师有多余的。带着尽快阅读此书的渴望，我通过郑老师的介绍，找到了周卫老师。他出于理解和热情，解决了我的难题。我如获至宝，如饥似渴地用最短的时间读完了这本书。读后，我恍然大悟，很多问题迎刃而解。徐碧美教授做研究的高明之处，首先在于文献的研读和综述。她阅读了大量文献，然后作了上万字的文献综述。其次在于研究的设计思路。她在香港的一所中学，找了四位外语教师作为研究对象，在一年时间里，跟踪调查、听课、访谈、看资料。最后在于对得到的数据资料的分析透彻且深刻。我佩服之至，心想，这才是学者的真正研究。

我以徐教授的研究结论为坐标，把我身边的优秀教师和文献中阅读到的优秀教师的材料作比对。渐渐地，我走出了茫然，开始有了较清晰的认识。出于习惯和爱好，我写了一篇文章投给了《教育参考》。一个月，石沉大海、杳无音信。终于有一天，我收到了编辑部徐主任的来信，他约我前往编辑部面谈。

走进《教育参考》编辑部的办公室，我怎么也没有想到，一个拥有大批读者、受人敬仰的编辑部的办公条件，是如此简陋。我悟出了一个道理，杂志质量的优劣与房间的大小、装潢的豪华与否，并非呈正相关。

我带着惶恐走进编辑部，带着兴奋和快乐走出编辑部。我的文章《勇于挑战　勤于学习　善于反思》就在徐主任的点拨下思路清晰了。在发表前，他还仔细地帮我逐字逐句地修改。稿子里有一句话，他觉得不明确，还特意打电话向我证实。我为之折服。我想，这才是《教育参考》在读者心目中地位很高的原因所在。我感到优秀的榜样其实就在我身边。

在《勇于挑战　勤于学习　善于反思》一文中，我提出了三个结论：优秀教师必然是勇于挑战的人，优秀教师必然是勤于学习的人，优秀教师必然是善于反思的人。此后，我希望自己的结论能够得到更多优秀教师的证实。我也怀着忐忑的心情，小心翼翼地寻找例子，试图通过证伪，通过反驳，进一步证实自己的结论，以期既有"标新立异"，又能"自圆其说"。

2007年在市教委组织的暑期校长培训班南汇专场上，我斗胆作了宣讲，以期得到更大范围的验证。而后，又在市名师培养高研班的导师杨佐荣先生和培训学员面前作了宣读。导师的鼓励和同行的称赞，让我的信心得以增强。

（三）

我很高兴，有越来越多的学校已经认识到了教师成长的意义，也愿意为教师的成长搭建舞台。比如傅雷中学为发起单位，周浦、康桥地区15所校（园）参加的"傅雷杯"生命化教育读书征文活动。活动以"傅雷"为名，是因为傅雷先生出生于周浦，曾经就读于此。傅雷先生不仅是傅雷中学的"文化灵魂"，也是周浦地区的"文化灵魂"，是一笔难能可贵的精神财富，我们有继承和发扬的职责。活动以生命化教育为载体，是因为生命化教育追求教育的真谛，追求生命的真谛，也应该成为我们校（园）长、教师的共同追求。

周康地区的学校曾经连续十多年搞过教学论文的评选活动，这次活动是承续中的开拓，各校热烈响应，结合自己的年度计划，都认真踏实地开展读书活动，取得了良好的成绩。活动还得到了《浦东教育》编辑部、浦东教育发展研究院教科室的大力支持。从收到的读书征文来看，既有读后感，也有与自己的教育教学实践紧密结合的教育教学随笔。文章从不同侧面反映了周康地区教师的精神风貌。

如今，教师的专业发展受到了极大的关注。从我对名师成长的研究结果看，名师都是"悦读"者，都是"善写"者，都是教育实践的"体察"者和"反思"者。只做不读，还难以成为真正的好教师；只读不写，离成为好教师还缺了一段。

时代已经急切地呼唤"教育家"的诞生，我们当为教师的"悦读"和"善写"做些铺垫工作。或许通过这样的活动还不会直接看到好教师甚至

"教育家"的产生，但是，就像在沙漠中成年累月做绿树栽培工作的人，栽下树苗，总会有所收获，慢慢积累，会等到绿树成荫的那一天。

我写这篇短文时，正巧在"1+1教育社区"网站上读到了"随火车远行"（侯登强）的文章《春天了，我们一起来读书吧》，他写道："读书是一件很自我的事情，那些文字牵引着你跟一个个教育名家面对面，让你为教育而感动，为自己的工作而怦然心动；那些文字更让我们开始尝试审视自我的教育生活，叩问自己的教育心灵，突破生命的瓶颈，变得更有力量，更有精神的自由。"侯老师的话语言简意赅，也很深刻，这些文字引起我的强烈共鸣。

教师是需要有点"文气"的，"文气"可以驱赶"俗气"，保持教师特有的那种"精神面相"。

（四）

我把研究结论也付诸我的名师工作室的培养中，鼓励老师们挑战自己的能力极限，阅读领会所看到的好文章、好书，帮助他们走出用经验反思的局限。我们教育科研名师工作室的学习，既学科研方法，也学教育史、教育哲学、教育学、课程论、形式逻辑。我认为做一名教师理应掌握的知识、思想、方法，我们都需要花时间去探索，弄懂弄通。对于做一名教师所必须具备的人文精神、人格修养，我们也要着力培育。

两年实践的结果是，在工作室的平台上，学员获得了长足的进步。我的结论又得到了20多名学员的进一步验证。学员的显性成果、隐性成果都较为丰硕。相比较而言，我尤其看重学员们的隐性进步，那就是：他们勇于挑战自己的意识得到了增强，学习自觉性和学习能力得到了提升，不断反思的理性思维品质逐渐养成。

学员们纷纷发表感言：

工作室引导我走入"书境"，感悟思想与心灵的变化。（孙红卫）
名师工作室促我静心学习，专心思考，潜心研究。（盛建芳）

不必想得多高多远，只要走好脚下的每一步。（钟丽佳）

学习能力决定了教师自我发展的空间。（乔春平）

教育科研名师工作室的学习，促使我的思维方式发生了改变。（刘建军）

亲近名师，厚实底子，放远眼光，宁静心灵——我自勉。（王微）

……

其实，王微老师的自勉，也是我们共同的心愿和不懈的追求。在对两年的学习进行总结时，我和学员们把成果进行了梳理，把随笔、感想进行了编辑。工作室的两本文集《蹒跚学研录》《学研随感录》记载了我们学习、实践、反思的过程。

我和我的团队，想把我们的体会说出来，与那些勇于攀登、圆优秀梦的朋友们分享：优秀其实并不难，就看你能否勇于挑战自己，能否把学习当作生活的组成部分，能否持久地反思并逐渐进步到善于反思。

当前，我们对培训寄予厚望，希望通过培训在短时期内提高教师的专业素养，因此，培训的节奏、密度超过了以往很多。毋庸置疑，培训确实给我们提供了很好的外部条件。但是，如果培训没有得到教师自身努力（内因）的配合，也就是说，如果教师还是缺乏挑战自己能力的意识，还是疏于学习，反思还只是浅尝辄止，培训的效果可能会非常有限。有道是，慢工出细活。此话有理。

建议

阅读和撰写教育随笔能陶冶我们的情怀，激发我们的理论兴趣。

一个个鲜活的教育故事，在万家灯火时回味，在夜深人静时反思，不经意间平添了我们对充满人情味的教师职业的热爱，对富有灵性的孩子们的喜欢之情。经常写教育随笔，能让我们时时产生"书到用时方恨少"的感觉，那些教育的精彩与困惑，常常使人产生进行理性思辨的冲动，对理论的需求和兴趣也可能随之产生。日常的、细微的、不经意的行动充满着教育，也许，教育随笔的独特之处就在于能够对那些司空见惯的、习以为常的现象以小见大、见微知著。正因为如此，教育随笔才有助于陶冶我们的情怀，激发我们的理论兴趣。

写教育随笔能磨炼我们教师的意志。在宁静的夜晚，在静谧的空间，我们倾听自己，审视自己，反省自己，充实自己，提升自己。生活中没有什么能轻而易举地得到。柏拉图说过："耐心是一切聪明才智的基础。"成功在于坚持，它需要人的耐心、意志和毅力，谁能真正做到，谁准能成功。

朱永新教授说，他愿意开一家"成功保险公司"，你只要在他的"保险公司"投保，按他的要求去做，不出十年准成功。他的要求就是让你不断地写作，每天坚持写上数百字，始终如一，笔耕不辍，十年后"连本带利"取出来，保证成功。

教育随笔的立意首先在题目上表现出来。与其他的教育文章一样，教育随笔也要有一个好题目。题目是文章的眼睛，好题目容易引起读者和编者的注意。因为随笔不是专业性的学术论文，所以题目应符合普通读者的心理需要，即新颖、活泼、实在。随笔要写出某种"有意思"的东西，某种可供人看见、感知、想象、思考的东西。要做到这一点，前提是作者必须有自己的看法，这看法又必须在他自己的心灵中自然形成。

随笔的内容或思想必须经过独自的理解，对其妙味有所感悟，并把它富有情趣地表达出来。

总之，写教育随笔，一是立意要新，二是举例要具体生动，三是要以小见大，从对小事的小议中反映教育的大问题。我们要善于学习思考，善于观察搜集，把自己的所见、所闻、所思，把身边真实的世界移到自己的笔下，移到自己的文章中。教育随笔不像教育论文，常常不必过分强调逻辑、修辞和文采，而追求的是作者感受的流淌、心灵的私语、智慧的沉淀。

第 四 章

以学定教

——学习设计与实施

概述

本章的中心议题是"学习设计与实施",与"教育写作"有什么关系呢?我认为"写出来"的前提是"做出来",教师一旦把上课做到教学变革的份上,促进了课堂转型,那么写作就会在笔尖自然流淌。

"好文章是做出来的,好文章是写出来的,好文章是改出来的",这是张肇丰研究员在给青年教师做教育写作培训时说的话。我深以为然。

上课是教师的第一实务。有道是,医生的本领在临床,教师的本领在课堂。课堂教学是教师研究与总结的最好阵地。教师上课无数,写课却寥寥无几。为什么上课易、写课难?个中缘由颇为复杂。其中之一是上课的"易",易在模仿,承袭前人的样式跟进即可。写课却不能简单模仿,写课贵在推陈出新。

如今,新课标已经颁布,核心素养教育为我们指明了方向。沿着新课标核心素养的思路创新教学,成为教改的重要命题之一。学习设计提上了议事日程。

2017 年 2 月 27 日,日本教育专家佐藤学教授一行前来上海与教育界同仁交流经验。在上海黄浦区的交流主题为"聚焦学习,培育素养"。在这次活动上，佐藤学教授分享了全球视野下的课堂变革。他认为，教育正面临一个重要的课题，也就是课堂的变化。如何把 20 世纪的课堂模式转化为 21 世纪的课堂模式？在世界范围内，课堂的变革是最大的课题。为什么这么说？因为知识的掌握、学习的方式、教师在课堂中的作用都在发生巨大的变化。传统上，知识是理解的对象，教师是帮助学生去理解知识；但是现在，知识不是为理解而存在的，教育的内容是发生变化了的，知识的存在是要让学生去应用它、活用它。学习的方式随之发生变化。教师的任务也发生变化，教师从"教的专家"转变到"设计学习的专家"，教师要提高学生的基础素养。

第二天佐藤学教授在浦东新区进行交流，会议的主题是"开放课堂，构建相互倾听的学习共同体"，他的报告是《如何设计高质的协同学习》。他指出：我们主张的学习共同体的学习，是提高学生的学习成绩的学习。如何促进学生的学习？老师要设计学习。如何设计？和专业有很大联系。设计学习和我们自己来做教案有什么区别呢？我们可以发现，中国的老师写教案的能力是一流的、完美的，老师对学生提问的设计是详尽的，但缺少对学生的学习的设计。那么，应该怎么进行学习的设计呢？老师光按照教案教，学生是无法成长的，高质量的学习是无法实现的。

钟启泉教授提出"课堂转型"，我觉得与"课堂变革"在精神实质上是相通的。依据两位教授的思路，我在浦东新区一个学区开展了新课标素养立意下的"学习设计"创新大赛，获得了一些经验。比赛要求参与的教师交一份"教学片段设计"，体现从"以教定学"走向"以学定教"；还要提供一段 10 分钟左右的教学视频予以佐证；最后，需要对教学实施的情况作分析评价，写一份教后感。

要撰写活动设计，教师碰到了一些困难。人的教育价值观不同，形成的方案就不一样。要使一次教改活动达到理想的结果，教师的价值观与方法论都需要不断优化。

例析

如何进行学习设计？通过文献阅读、解析，我认为可以打开"两扇门"，分别是：学习目标设计、学习任务设计。当然，设计的目标只是理想、预设，能否实现，需要把课上出来，看看效果怎样。

一、学习目标设计

教学目标是一个大家都在使用的概念。如今，在实际的教学中需要加强学习目标的研究。学习目标的提出不是取代教学目标，而是提倡在教学目标中要融入学习目标设计，注重学习的质量、学习中的人际关系等要素，以及学生的主体地位。

基于《母鸡》的教学目标设计研究

一、是复制"教参"，还是独立思考并精心设计教学目标

2024 年 3 月 26 日，浦东新区小学语文学科带头人周老师在本校课题研究展示活动中执教了《母鸡》，当时我应邀走进课堂进行课堂观察与分析。4 月初，周老师工作室学员、青年教师小李在汇报课上也执教了《母鸡》。4 月下旬，又有一位学科带头人欧老师在学习共同体论坛上执教了《母鸡》。几乎同时，远在内蒙古赤峰市克什克腾旗的学科带头人张老师也执教了《母鸡》。

我对周老师的课作了分析，以现场的感受撰写了一篇课堂观察与分析文章。对其他的课则搜集了电子文本资料，以对比分析。因为要分析，我请做小

学教师的朋友复印了课文，还有教师帮我复印了教师教学用书中《母鸡》的教材解析。综合搜集的资料文档和现场观感，我觉得对《母鸡》的教学值得深究一番。尤其是在陈大伟老师告诉我如果他来上《母鸡》会怎样上以后，我觉得这节课有了比较理想的研究"土壤"。

1.周老师的《母鸡》教学设计

周老师对课堂转型有一定认识，所以设计了一份不同寻常的教学目标。她以学习目标替代了惯常使用的教学目标，这是难能可贵的进步。

学习目标：（1）运用学过的方法自主识字学词，读好"一撮儿毛"等儿化音，读准多音字"恶"，会写"讨、厌、孵"等字。（2）整体感知文本，梳理主要脉络，了解"我"对母鸡前后态度的变化，并能说出原因。（3）在写表扬信的过程中，聚焦具体事例，体会母鸡"负责、慈爱、勇敢、辛苦"的特点。（4）了解文章的对比描写手法，初步体会对比手法在刻画母鸡特点、表达作者感情上的作用。

根据这份学习目标，她设计了三项学习任务：

任务一：理清脉络，完善投诉状；任务二：聚焦具体事例，帮写表扬信；任务三：对照阅读，升华情感。

囿于三维教学目标的惯性，学习目标出现"对照阅读，升华情感"的目标设计，非常普遍。其实，"升华情感"的目标既看不出落实，也没法验证。

她的教学依据中有学情分析：（1）能自主识字读词，但儿化音读不准；（2）能找到感情变化的两个句子，但原因说不清楚；（3）能抓住具体事例体会感情，但不够深刻，也难前后对比体会；（4）能知道这是一篇歌颂母爱的文章，但感受却不深，更难以关联表达。

《义务教育语文课程标准（2022年版）》在"课程目标"中阐述了"核心素养内涵"，即文化自信、语言运用、思维能力、审美创造。因为有了2022年新课标中核心素养的要求，我以核心素养培育为基准，寻找周老师的教学与核心素养的联结在哪里，发现联结好像不明显。

2. 另外几份《母鸡》教学设计

再比较欧老师、李老师、张老师的教学设计，大同小异，都是在一个大框架结构中进行细微调整的教学设计。

我想，既然这几份教学设计类同，背后一定是有什么指导性文件的规定。果然有教师告诉我，他们有教参。这位教师把教师教学用书中的《母鸡》部分复印后给了我。确有因果关系，以教学目标为例，教参的教学目标设计是：

1. 认识"疙、瘩"等10个生字，读准多音字"恶"，会写"讨、厌"等15个字，会写"理由、心事"等10个词语。
2. 默读课文，了解"我"对母鸡态度前后的变化，并说出变化的原因。
3. 感受母鸡的"负责、慈爱、勇敢、辛苦"，体会母爱的伟大。
4. 通过比较，感受同一作家在写不同动物时，表达上的相同和不同之处。

不论是欧老师还是李老师，他们的教学目标设计基本是围绕教参设定的。张老师没有在网上呈现教学目标，不过，阅读她撰写的教后感，也可以感受到与教参的高度一致。

对教师来说，以教参为参照标准来设计教学目标，天经地义，无可厚非，但这对于"双新"背景下的教学变革与教师成长来说，还远远不够。

二、课堂教学变革需要理论视角，还需要实践经验引路

只是埋头于他人的教案设计和照抄照搬现成的教参，课堂教学变革可能难以取得理想中的效果。新课标和新教材是统一的，所以教学目标设计有共通性。然而，教师面对的学生是不一样的。要遵循新课标的精神，落实"因材施教"的原则，体现"以学定教"，则需要教师在调查学生学习现状的基础上，通过教学设计彰显出来。所以，教师需要认识新课标、读懂新教材，更重要的是了解"真学情"。

1.认识新课标，理解其精神实质

崔允漷教授认为，新课程要从"三维目标"走向"核心素养"，同时，他提出：目标叙写也需要一定的技术规范，一个好的目标如果无法评价的话，那该目标是毫无意义的，如采取"经历（过程）—习得（结果）—形成（表现）"的句法结构。用崔教授的观点辨析教参的设计，显然教参的指导是存在一定问题的，特别是核心素养培育方面，其立足点依然停留在"过去式"。

教师领会新课标核心素养培育的精神实质还不够，还需要以学生的真实认知和认知冲突为教学设计的逻辑起点。

2.寻找成功的教学设计，借鉴前人的实践经验

我就自己的思考向陈大伟教授请教。他是这样回复的——

如果我有机会教，我可能设计这样的学习活动：（1）读一读课文，看有没有不认识的字。想办法认识这些字，弄明白是什么意思。（2）看课文中有哪些不了解意思的词语，想一想可能是什么意思。和同桌讨论。上面两个问题是基础性问题，如果学生基础较好，就快速进入下一个问题。（3）你认为文章中的谁在变？理由是什么？在文章中找出依据。（预设：可能有学生说母鸡在变，成为鸡妈妈后变了；也可能有同学说作者在变。）

如果说母鸡在变，你能体会到什么？（预设：母爱的伟大。）如果说作者在变，你能体会到什么？（预设：由母鸡想到母亲，歌颂母爱；人爱一件事情，会发现它的美，写出它的美；人讨厌一件事情可能写出它的讨厌。）

想一想，你有没有对某一种动物或者事物的态度有转变？如果有，参考课文，写出你喜欢和不喜欢的不同发现。

这是粗略的设想。课堂上需因势利导，顺水推舟。我的本意，有教学生理解审美的味道，知道美有客观性，但美又是主观的，人是审美的主体，是认识创造的主体。

陈大伟老师的《母鸡》教学设计，着实给我耳目一新的感觉。我再问他会如何撰写《母鸡》的教学目标。他答复：《母鸡》的核心目标是理解审美主体变化带来的审美发现与表达。陈大伟老师的观点体现了当前核心素养培育的要求，与崔允漷教授的观点有一致性。陈大伟老师的教学设计，简洁明了。类似这样的设计我还曾在王崧舟老师、凌宗伟老师等诸多名师的教学设计中读到。

陈静静老师在学习共同体教改研究中指出，教学设计为"C"，则可以带出"B""A"，如果教学设计为"B""A"，则很难推升到"C"的境界。如果我们把三层次理解为"知识本位""能力本位""素养本位"的话，问题就比较清楚了。崔允漷教授曾经用"美"作例子，提出了"想得到的美丽""看得见的风景"和"走得到的景点"，以此区别不同课程与教学的层次性、整体性，值得我们深思。

以此为辨析的标准再来看教参。教参对《母鸡》的教学建议有三项：识字写字、理解运用和实践活动。其实践活动是："1. 推荐学生阅读其他作家描写动物的作品。以扩大学生的阅读视野，丰富语言积累。2. 同学合作，制作动物卡片，比如可以画一画母鸡的神态、动作，并配上与之相关的文字。"这里或许隐含了核心素养的某些东西，但是离正确价值观、必备品格和关键能力还有较大差距。用布卢姆的教学目标分类理论观照教参，这里只是达到了低阶思维的三层次，即记忆、理解和运用。使用教参需要辩证思考，当"无模时需要有模"，保障教学不至于离谱，而一旦"有模时需要破模"，不被"模型"束缚了思考与变革的空间，这是教学目标设计的辩证法。

三、研讨与思考

1. 教学目标设计的依据是什么

新课标提出了"教学评"一致性的要求。一节课评价的标准是什么？应该是教师设计的教学目标的合理性与达成度。（参见夏雪梅《以学习为中心的课堂观察》，教育科学出版社 2012 年）不论是从一致性的观点出发，还是从"教学目标是课堂教学的灵魂"的认识出发，我们都需要对教学目标深入研究。为了使教学目标的设定比较真实、务实、有效，凌宗伟老师提出教师要吃透教材、吃透学生。我想，如今教师还需要吃透新课标。

怎么看教参的指导（包括教研员的指导）？教师需要听取指导意见，但是一旦这种指导背离了新课标核心素养培育的要求，我们有理由通过独立思考，对疏离新课标核心素养的指导说"不"（当然这对教师来说有点难）。

虽然已经进入"双新"时代，但教师如何从"教学设计"转变为"学习设计"思维，确实是一个难点。崔允漷教授认为，新型的教学目标需要超越"课时＋知识点"的目标站位，走向由学期目标—单元目标—课时目标构成的目标体系，从以往低阶位的内容为纲取向走向高阶位的素养立意取向。可采用"三问"法加以推进，即：一问结果，锚定学生核心素养的培育；二问过程，强调学生学习方式的变革；三问写法，保障目标可测可评。

2. 周老师的教学设计辨析

周老师所在学校的课题是"搭建多元平台促进农村小学青年教师专业发展的研究"，《母鸡》课例研究的主题是"设置真实情境任务，激发学生的积极性与创造性"。根据这节课的研究主题，我们需要探讨"设置真实情境任务"是否可行、有效，"激发学生的积极性与创造性"是否做到。

以我观察的小组为例，四位学生分别是小唐、小陈、小程和小尹。他们都有一个预习本。预习本上记录了预习的结果，分为两个大问题："我的发现""我的问题"。这个预习本是周老师经过数年实践形成的经验，让学生通过预习提出"我的问题"，是教师充分了解学生的认知与认知冲突的方法，学生已经能够熟练运用，务实而有效。

学生提的"我的问题"很有意思。四位学生提出了五个问题。小唐：文中的"我"改变对母鸡看法的原因是什么？"我不敢再讨厌母鸡了"改为"我不再讨厌母鸡了"可以吗？小尹：为什么使人心中立刻结起个小疙瘩来？小程：第4自然段为什么不和第5自然段放在一起？小陈：为什么中心句在第9自然段，不是第10自然段？我觉得这五个问题很真实，的确是学生的困惑。这五个问题会得到解惑吗？教师会怎么做呢？有点遗憾的是，这节课周老师没有设计给学生答疑解惑的教学活动。

为了了解更多学生的真实感受，我又把另一组学生的预习单拿过来，他们提出的问题中也有"为什么第10自然段不是'我不再讨厌母鸡了'，而是'我不敢再讨厌母鸡了'？"学生的预习本真实地呈现了困惑，也是思考。八位学生中有两位不约而同地提出"敢"字的含义，这是一个真问题、好问题。如果要问这节课的"题眼"是什么，我觉得这两位学生已经触摸到了。显然，学生想要认知的问题，不在教师设置的范围内。这就与"真学情"不符。

对这个问题的分析有助于研讨的深入。其实，周老师曾经在2018年上过一次《母鸡》的研究课。那次课上，她是贴着学生的问题展开教学的。我翻出了周老师当年发给我的文章。周老师当年执教《母鸡》这节课后的反思提到：在解决第一个问题"为什么课文最后作者说'我不敢再讨厌母鸡了'，而不是'我不再讨厌母鸡了'？"时，尽管时间比我预计的已经多花了一倍，但我发现一直到第23分钟孩子们才开始放开自己，真正进入交流分享的状态，我于是耐下性子等他们，给了他们更多的时间来思考、交流分享。所以，尽管解决第二个问题的时间比预计的不足，但是，也水到渠成地解决了。她还说道："我现在的上课方式改变了，所以孩子们更有兴趣吧。以前让孩子们预习的目的更多的是希望他们弄懂字音字义，上课不要在这些最基本的方面还出问题……所以，可想而知，如果我还按照原来的思路去上，去提问那些他们已经会的，他们怎么可能还有兴趣去听？"

我纳闷的是，周老师明明已经找到了适合学生学习需求的教学设计思路，这一次却走了"回头路"。这到底是什么原因？有老师告诉我，最近的教研活动比较崇尚"设置真实的教育情境"。"设置真实的教育情境"没有错，但以此为教学的"终点"就会出现偏差。教学不能让那些时尚、时髦的主题把我们带偏了。

3.如何体现新课标中核心素养培育的要求

为了尽量贴近执教教师的立场和理解，我找来了教材，其单元提示语是："奔跑，飞舞；驻足，凝望。可爱的动物，我们的好朋友。""体会作家是如何表达对动物的感情的。写自己喜欢的动物，试着写出特点。"

周老师是遵循单元提示语设计和实施教学的。因为要达到"体会作家是如何表达对动物的感情的"，所以她花了很多时间和精力在"我讨厌母鸡"上，还做了母鸡的叫声小音频，以渲染气氛；也着力于"我不讨厌母鸡了"的教学，以此作前后对比，深入体会鸡母亲的特点。

如果教参把"体会作家是如何表达对动物的感情的"作为本课教学的单元目标，我觉得定得太低了，有点过于小看学生的认知水平了。另外，学生一定讨厌母鸡吗？如果有学生喜欢母鸡，我们如何实施教学？

站在核心素养培育的角度看提示语，我觉得"可爱的动物，我们的好朋友"，是学生需要树立的正确价值观。让学生"写自己喜欢的动物，试着写出特点"，这里用"喜欢"而不是"讨厌"，这是课本编撰者的价值观的体现。

"设置真实情境任务，激发学生的积极性与创造性"的教学目标是否达成？达成度多少？由于我没有做学生的问卷调查和个别访谈，不敢轻易下结论。就课堂观察的结果看，学生的问题教师没有关注，教师关注的问题不是学生的需要，由此产生了学与教的隔阂。如果说"设置真实情境任务，激发学生的积极性与创造性"属于教师做课例研究的主题的话，这节课可能不适宜作为这项研究主题的选课。

综上所述，教师可以选择教参作为教学设计的依据，也可以以"可爱的动物，我们的好朋友"为教学设计的依据，还可以选择陈大伟老师的"审美素养"培育作为设计的依据。实践是检验真理的唯一标准，教师可以选择不同的教学设计到课堂里实施，以此验证哪一种教学设计更好。对教学成效的证明可以用调查法——课堂观察、课后访谈和问卷调查来搜集证据。基于证据的课例研究更能体现实证研究的思想。

在管理学上有一个说法：能力是什么？是选择。当我们教师教学《母鸡》时，面临着多种选择。如果只是依据习惯选择教参作为标准，那么教师的能力容易停留在习得层面。更好的选择应该是，选择对学生的素养提升更有价值的方法实施教学。如此，则离新课标核心素养培育的目标又近了一步，课堂转型也就走出了可喜的一步。

四、教学目标设计的后续跟进实验

跟进实验例1：

我和一位小学教师祝老师就四年级下册道德与法治教材中的《生活离不开他们》的教学目标进行了修改。

祝老师初次设计的教学目标是：（1）知道我们每天的生活离不开各行各业劳动者提供的服务，感受不同职业的劳动者给人们生活带来的便利。（2）通过调查汇报、观察分析等活动，体会不同行业劳动者的作用，懂得社会的良好运转需要不同职业人们的劳动。（3）引导学生懂得各行各业的劳动者没有高低贵贱之分，树立正确的职业价值观。

我和祝老师作了比较深入的探讨。修改后的教学目标是：通过调查汇报、分析比较等学习活动，理解不同行业劳动者的作用，形成正确的职业价值观，初步懂得各行各业的劳动者没有高低贵贱之分。

与初稿相比，删除了"知道我们每天的生活离不开各行各业劳动者提供的服务，感受不同职业的劳动者给人们生活带来的便利"。没有必要把这条目标单列，可以通过其他教学活动带出这个认识。修改的教学目标简明扼要，三个层次层层递进，包含了知识、能力，再提升到素养的有机融合。教学结果证明，这样的修改是有效的、有意义的。该学校的教研组长邱老师认为，从教学设计"1.0"到教学设计"2.0"，修改的最大亮点在于以落实学科核心素养为"靶向"，融合知识教育、能力教育，堪称学科素养教育的一个范例，值得总结推广。

跟进实验例2：

一位小学数学教师顾老师执教二年级数学课《数学广场——幻方》，起初设计的教学目标是：（1）对幻方有初步了解，知道幻方每行、每列、每条对角线和相等。三阶幻方有三行三列，每行、每列及每条对角线和为15，中心数是5，双数在角上，相对5的两个端点数之和为10。（2）能根据幻方的规律来判断幻方，并能将不完整的幻方填写完整。（3）了解数学知识背后的文化，激发对数学学习的热情。

以上教学目标是三维目标的延续。其中第三点"了解数学知识背后的文化，激发对数学学习的热情"难以落实和验证。

修改后的教学目标是：（1）经历对和为15的幻方的探索，对幻方有初步了解，知道幻方每行、每列、每条对角线上的三数之和相等，且中心数是5，双数在角上，相对5的两个端点数之和为10，培养学生发现规律的能力。（2）经历探究幻方规律的过程，尝试设计中心数为6的幻方，培养推理、迁移知识的能力。

（上海市浦东教育发展研究院　黄建初）

二、学习任务设计

上海市浦东新区航头学校的青年教师张芯玥执教了一节美术课《美丽的花挂毯》，这是一次校本研修活动。课后该校研修班的同伴进行了后续的调查，包括教师的调查、学生的个别访谈和全班问卷调查，结果调查对象都对这节课非常认同，一致称赞。为什么教师和学生都认同这节课呢？研究团队发现学习单的设计与运用，在其中发挥了重要作用。看来有必要对学习单作一次回顾与分析，从中获得学习任务设计的方法。

让学生经历完整的学习过程
——《美丽的花挂毯》学习单的设计运用与反思

一、学习单的设计经历了数次修改完善

1.学习单在反思和验证中逐步成形

这份学习单经历了四次设计和三次修改。其中的试教课用了第二稿，展

研课（展示与研究的混合课）用了第四稿。

第一稿：宽泛而模糊的设计思路。（见图1）

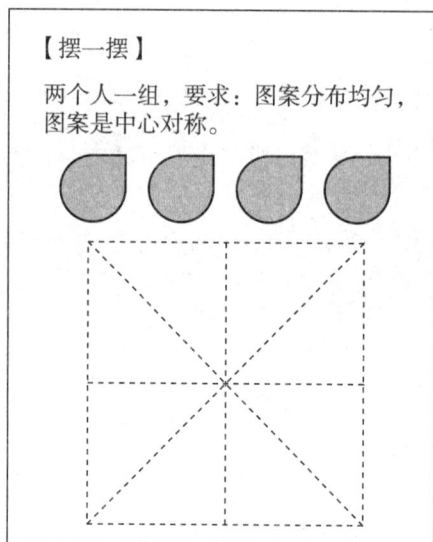

【摆一摆】
两个人一组，要求：图案分布均匀，
图案是中心对称。

图1 学习单第一稿

学习单第一稿设计是学生需要在给定的网格中摆放图形，使图案均匀分布并具有中心对称性。第一稿因学习目标不明确、活动单一，修改成第二稿（见图2）。

第二稿：有名无"实"的设计。

试教课用的是学习单第二稿，它看似有四个板块。实际的教学是以教师讲授为主，学习活动不充分，导致此学习单只使用了"找一找"部分和评价部分，其余部分成了摆设。

执教者张芯玥老师反思："回看试教课的教学，教授知识时是以我为主，在想一想的学习活动中，我没有让所有的同学进行摆放，学生操作的时间比较短。在画一画的学习活动中，我直接让学生按照自己的想法去创作，没有明确的学习任务要求。学习单设计与学习活动没有很好地对应。"

在试教课课后的研讨中，研究团队回看教学目标设计，认为首先要修改教学目标。

【找一找】下列挂毯用的是什么骨骼线？

【想一想】幻方中数字的特征规律。

4	9	2
3	5	7
8	1	6

2	7	6
9	5	1
4	3	8

①单数、双数
②中间数
③幻和规律

【画一画】设计一张幻方，把花挂毯组合起来。

【评一评】精美绝伦的花挂毯。

评价标准：1. 图案是否对称均衡，是否是中心对称图形？ （　　）
　　　　　2. 色彩是否丰富多彩？ （　　）
　　　　　3. 组合是否和谐美观？是否含有幻方的规律？ （　　）
　　　　　4. 数字是否运用在图案或者幻方中？ （　　）

图2　学习单第二稿

2. 教学目标是学习单设计的依据

黄老师提出教学目标的改进可以把原来的教学目标合并，合二为一。于是，参照学习共同体教改实验教师的经验，将教学目标分为基础性学习和冲刺挑战性学习两部分。

对比两份教学目标设计，后一份教学目标有了明显的进步。

修改前的教学目标：

（1）了解对称纹样、骨骼线的特点，学习运用骨骼线架构的形式，设计表现对称纹样。

（2）在欣赏、观察、制作、交流的过程中，学习运用骨骼线设计对称纹样。

（3）感受民间艺术挂毯对称纹样的美，体验合作学习的快乐。

依据对教学活动与效果的分析，"感受民间艺术挂毯对称纹样的美，体验合作学习的快乐"，这个目标其实是虚设的，很难验证。

修改后的教学目标：

基础性学习：认识花挂毯，找出构图的基本框架骨骼线，创作一幅花挂毯，培养绘图设计能力。

冲刺挑战性学习：小组合作制作融入幻方的规律、组合和谐美观的花挂毯。

此教学目标具体明确，可以用教学活动过程和结果予以验证。

第三稿：逐步聚焦，明确目标与内容。（见图3）

教学目标修改后，学习活动随之调整，随后改进学习单。

学习单第三稿经改进后在课堂中进行试用（注：执教者不放心，所以在另一个班级尝试了一次），试用后发现学习活动与学习单内容出现不能完全对应的问题。因此，再次改进形成第四稿。

【填一填】写出花挂毯的特点。

图案之美：_____

骨骼线：

色彩之美：_____

【想一想】幻方中数字的特征规律。

4	9	2
3	5	7
8	1	6

2	7	6
9	5	1
4	3	8

①单数、双数
②中间数
③幻和规律

【评一评】精美绝伦的花挂毯。

自我评估：请同学们看看自己拿到几颗星。
1. 花纹图案与骨骼线分布合理，挂毯为中心对称图形。　（　　）
2. 花挂毯色彩搭配基本合理，装饰性高。　（　　）
3. 四宫格、六宫格、九宫格花挂毯组合安排得当。　（　　）
4. 图案设计有创意，线条清晰完整。　（　　）
5. 九宫格安排融合幻方规律，图案巧妙融入数字。　（　　）

图3　学习单第三稿

3. 学习单需要有清晰而完整的学习任务设计

第四稿：学习单趋于完善。（见图4）

活动一：找一找，翻开书第28页，请同学们以小组为单位自主学习完成学习单，认识花挂毯的特点，帮助老师完成板书。

活动二：摆一摆，以小组为单位用彩纸摆放并回顾三阶幻方的规律。

活动三：画一画，自选主题，运用骨骼线设计图案，小组合作完成一幅实用又美观的花挂毯，并为花挂毯命名。

活动四：评一评，评出"美丽的花挂毯"。

【找一找】花挂毯的特点是什么?

①中心对称图形
②几何图形、花纹、线条……
③米字线
④对角线
⑤十字线
⑥菱形线
⑦平淡素雅
⑧丰富多彩

参照书本将正确的词语序号填入括号。
1.图案之美:花挂毯是什么图形?（   ）
　　　　　　花挂毯上拥有什么图案?（   ）
2.骨骼线的种类有哪几种?（   ）
3.色彩之美:怎么形容花挂毯的色彩?（   ）

【摆一摆】花挂毯的组合。

【画一画】小组设计花挂毯。

练习内容:自选主题,运用骨骼线设计图案,小组合作完成一张实用又美观的花挂毯,并为花挂毯命名。
要求: 1. 主题突出有内涵。
　　　 2. 图案设计要对称。
　　　 3. 组合搭配有美感。
主题名称:_____
设计思路:_____
_____

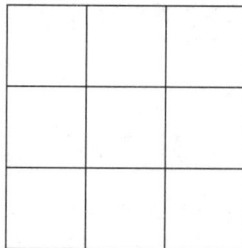

【评一评】美丽的花挂毯。

自我评估:看看你做到哪一步。（   ）
1.花挂毯的构图中有骨骼线分布。（   ）
2.能根据骨骼线设计中心对称图形。（   ）
3.能确定主题,构图对称均衡,符合形式美感,线条清晰完整。（   ）
4.能与同伴（或爸爸妈妈）一起设计有主题的花挂毯,构图美观、色彩丰富、富有内涵。（   ）

图4　学习单第四稿

这份学习单是比较令人满意的设计。将"填一填"改为"找一找",采用标注数字序号的方式;将"想一想"改为"摆一摆",动手操作很明显;加入"画一画",聚焦学习需求和认知水平,精选关键的知识点和技能点。

研究团队的感悟:第四稿学习单设计旨在引导学生发现美、理解美、创造美、评鉴美,像设计师一样设计美观且实用的花挂毯装饰校园,数学与美术的跨学科融合拓宽学生的创意思维,使学生体会不同学科之间的联系,并运用美术及其他学科的知识、技能与方法解决问题。

4.教学成果的评估让学习形成闭环

教学评价是一个有待深入研究的问题,也是难题。改进教学评价的呼声由来已久,改进的步伐却十分缓慢。这节课的评价也经历了数次修改完善。

参见教学评价设计的三份稿子。

试教课评估
【评一评】精美绝伦的花挂毯。 评价标准: 1. 图案是否对称均衡,是否是中心对称图形?　　　　（　　　） 　　　　　　 2. 色彩是否丰富多彩?　　　　（　　　） 　　　　　　 3. 组合是否和谐美观? 是否含有幻方的规律?　　　　（　　　） 　　　　　　 4. 数字是否运用在图案或者幻方中?　　　　（　　　）

改进评估
【评一评】精美绝伦的花挂毯。 　自我评估:请同学们看看自己拿到几颗星。 1. 花纹图案与骨骼线分布合理,挂毯为中心对称图形。　　　　（　　　） 2. 花挂毯色彩搭配基本合理,装饰性高。　　　　（　　　） 3. 四宫格、六宫格、九宫格花挂毯组合安排得当。　　　　（　　　） 4. 图案设计有创意,线条清晰完整。　　　　（　　　） 5. 九宫格安排融合幻方规律,图案巧妙融入数字。　　　　（　　　）

展研课评估
【评一评】美丽的花挂毯。 自我评估：看看你做到哪一步。 1. 花挂毯的构图中有骨骼线分布。　　　　　　　　　（　　） 2. 能根据骨骼线设计中心对称图形。　　　　　　　　（　　） 3. 能确定主题，构图对称均衡，符合形式美感，线条清晰完整。（　　） 4. 能与同伴（或爸爸妈妈）一起设计有主题的花挂毯，构图美观、色彩丰富、富有内涵。 　　　　　　　　　　　　　　　　　　　　　　　（　　）

学习单第四稿的评价，对学生有提示：看看你做到了哪一步。

这份评价是学习借鉴了研修班前一节研究课的经验。此前，一位顾老师执教了一节数学课，她摒弃了五星评价的方式，采用了阶梯式递进评估方式。实践证明，用阶梯式递进评估表让学生自己给自己评估，可行、有效。

二、学习单的运用使教学目标达成度提升

基于"教学评"一致性设计学习单，将教学目标分解为具体的、可操作的学习任务，确保学习单上的学习任务都与教学目标相对应。

1. 在找一找中发现美

将"认识花挂毯的特点"这一目标细化为"找一找"，找出图案之美、骨骼线的种类、色彩之美。

教学实录1：找一找——发现美

师：今天为了装饰我们的校园，老师想请同学们做一回挂毯设计师，为校园设计一款实用又美观的花挂毯，所以本节课就请同学们一起跟老师来学习第14课《美丽的花挂毯》。

师：请同学们打开美术书，翻到第28页。美术书上有很多关于花挂毯

的知识。请同学们以小组为单位进行讨论交流，完成学习单的第一部分"找一找：花挂毯的特点是什么？"将正确的词语序号填入括号内，第一个完成的同学请帮老师完成板书。现在开始。

学生自主学习。

师：率先完成的同学请举手。冯同学能不能帮老师完成板书？

该生上台板书。

分析：让学生以小组为单位自主学习教材内容，完成"找一找"任务。自主学习环节，这一点非常重要。学生自主建构知识，在基础学习的基础上完成挑战性学习任务。核心素养教育需要从知识、能力学习，进入素养培育学习。

学习单运用——学习活动要有层次与进阶。围绕教学目标设计多样化的学习活动，包括自主学习"找一找"、小组合作"摆一摆"、艺术实践"画一画"活动等，能够充分调动学生的学习积极性和主动性。通过小组合作完成"冲刺挑战性"任务设计花挂毯，引导学生在观察、分析、实践和合作中完成学习任务，提高学习效果。

2. 在摆一摆中理解美

教学实录2：摆一摆——理解美

师：如何组合摆放是一个问题。老师想告诉同学们，我们的花挂毯拥有组合之美，摆放的时候要和谐美观。请同学们再来试一试，摆一摆。请同学们拿出我们的彩色卡纸，在我们的大卡纸上进行摆放，同学们可以根据自己小组的情况，摆放4张、5张、6张，或者是最具有挑战性的9张。摆放优秀的小组请到我们的黑板展台前摆一摆。

全体学生分组摆放。

教师邀请一位女生在展台前摆放。

学生摆放成九宫格。

师：请你介绍下为什么这样摆放。

生：我们组的摆放是把深的颜色放在角边……（学生发言声音轻）

师：嗯，很好。她说深的颜色放在角边，浅的颜色放在中间，最漂亮的颜色放在最中间。

分析：通过小组合作"摆一摆"活动，记录小组的摆放思路和组合方式，引导学生思考如何用色块组合产生和谐美观的效果。

师：老师发现有很多组想来挑战九宫格，那么，请同学们回忆一下，我们在二年级学习数学的时候使用过幻方。

师：请跟老师一起来复习一下幻方。中间数基本是不变的，四个角都是偶数，每一行、每一列、两条对角线上的幻和都相等。有同学会疑惑这样的数学怎么能跟九宫格花挂毯融合在一起。老师在课前也绘制了一个花挂毯，这个花挂毯里藏有哪些秘密呢？

生：这个对角线是在边上的，就是这个十字线。

师：很好，她发现了第一个秘密——骨骼线。还有吗？

生：最后一个小的地方都是绿的。

师：她发现了色彩的秘密。那么图案里呢？

生：里面好像还有数字。

师：在这张图里暗藏了很多数字，组合成一个幻方。这个花挂毯的名字叫"数字幻彩毯"。设计思路就是将幻方和数字融在了里面。

分析：通过对数字幻彩毯实物作品的分析，引导学生尝试跨学科学习，拓宽学生的创作思路。

3. 在画一画中创造美

教学实录3：画一画——创造美

师：那么，接下来的时间交给各位同学来设计一幅花挂毯并为花挂毯命名。练习的要求：主题要有内涵，图案设计要对称，组合要美观。现在请同学们开始动起来！（播放轻音乐，教师巡视。）

学生分组创作。

分析："画一画"让学生记录作品名称与设计思路。播放舒缓的轻音乐，营造出一个宁静而富有灵感的创作氛围。留出20分钟的创作时间，激发学生的艺术灵感，使作品更加生动且富有情感色彩。

4. 在评一评中鉴赏美

教学实录4：评一评——鉴赏美

师：老师发现三（8）班学生创作的作品都非常好看，大家掌声鼓励。哪个组能自告奋勇地介绍作品的名字和设计思路？

生：我们组的作品叫"阳光格"。我们组的同学都很阳光、开朗，所以叫"阳光格"。

师：请第二组同学来介绍一下。

生：我们组的作品叫"希望杯"，因为充满希望。中间这个是最好看的，颜色最鲜艳，四个角是浅色的，周围的也比较好看，但没有中间那个好看。

师：同学们跟老师一起学习了美丽的花挂毯，将艺术与科学相结合。那么，最后请同学们打开我们的学习单，自我评估一下，看一看你们能做到第几阶段。同学们可以在课后时间自我检查、自我评估一下。

分析：让学生分享作品，培养表达能力和审美能力。让学生对自己本节课的知识掌握程度进行自我评估，包括对花挂毯特点的理解、骨骼线设计方法、小组合作能力等方面，引导学生对自己的学习进行反思和总结。

结合教学目标和学习活动的特点，设计阶梯式评估表有利于增强学生的自我效能感，实现"教学评"一致性。阶梯式评估是根据教学目标，将评价标准分为不同的层次，为每个层次设定具体的、可衡量的要求或标准。

5. 教学成效的调查与分析

展研课后，参与课堂观察的老师们一致认为，这节课取得了成功。理由有三点：第一，每一位学生都能够积极投入学习，学习在学生身上真正发生了。这是通过观察学生的学习单、课堂作品得到的结论。教学在轻松、愉悦的环境中进行，学生的作品创意十足。教学给学生留出充分的艺术实践的时间。第二，这节课的四个教学环节很清晰，从单一纹样的对称图形到小组合作运用幻方规律完成跨学科学习迁移。这是一次挑战性学习。第三，这节课有学生自主学习，有实践学习，更多的是小组合作学习。学习方式多样，而且恰到好处——学习内容与学习方式相匹配。小组合作学习作为一种理论上的共识，走进课堂变成实践上的操作，既有可能性、实效性，又有实际操作中的种种困难，所以，它值得研究。

朱欣怡老师通过课后问卷调查搜集数据，作了一次"互证"性的调查。从问卷调查可见，学生对张老师的这节课认同度非常高，42位学生有38位学生"非常喜欢"这节课，有4位学生认为"喜欢"，没有学生认为"一般"或者"不喜欢"。问卷中有一题：请你对张老师的课提出建议。有19位学生用了"无敌"，没有建议。学生觉得这个花挂毯课非常新颖奇特，从来没见过，非常感兴趣；又觉得看似非常复杂的事情其实大家都能完成，很有成就感。这个"无敌"是评价老师的，也是对自己的肯定和鼓励！

课后黄建初老师给观察员教师发放了一份问卷，评价采用100分制。观察员教师最高打了95分，最低打了85分，平均90.2分，可见大家对这节课很认同。

三、学习单的反思

第一，学习单需要指向新课标核心素养教育的目的，这叫"依标而行"。这个"标"就是新课标的标准，也是每一节课教学目标设定的依据。

学习单让学生经历了一次完整的学习过程。为什么需要完整？完整是指什么？传统美术课常陷入"教师示范—学生模仿"的单一技能训练，而完整的学习过程能让学生理解艺术与生活、文化、情感的深层联结。就美术教学的完整性而言，即发现美、理解美、创造美、评鉴美的学习过程。完整性的学习与那些零散不完整的学习相比，于学生的学习价值更高。学生需要经历完整的学习过程，是因为这种学习模式能够真正实现从知识积累到素养提升的转化，让学习成为有意义、有深度、可持续的生命体验。

学习单的设计给教学流程提供了一个逻辑框架，依"标"（学科课程标准）而行有了准确的路径通道，为教学质量的高品质打下扎实的基础。

第二，学习单的设计需要教师"三思而行"。这些功夫不会白费，是一次思考—实践—再思考的过程。

学习单是连接教学、学习和评价的桥梁。它不仅关注学习结果，更让学生经历一次完整的学习过程。设计一份综合性学习单，需要将跨学科学习、小组合作创作以及低起点、高挑战的学习任务有机结合，同时注重创新精神的培养，帮助学生在实践中提升美育综合素养。

当学生经历完整的学习过程，他们收获的不仅是知识技能，更是与世界建立意义联结的能力——触摸美丽花挂毯的温度，感受几何图案背后的数学之美，在创作中表达对艺术的热爱，这正是教育最本质的追求：让学习成为点亮生命的火种，而非填充大脑的碎片。

综观本节课的教学，最突出的问题是教学时间不够，最终的评鉴美的任务有点草草收场，没有很好地完成。其实从教学需要出发，设置两节课连上是可以把完整性做得更好的。

（上海市航头学校　刘艺婷、张芯玥）

学习设计还有相关的一系列问题需要教师去研究。比如学习环境设计，可以学习借鉴陈静静博士的文章《什么是高品质的课堂》（载陈静静《学习共同体：走向深度学习》，华东师范大学出版社2020年）。

陈静静执教《佐贺的超级阿嬷》进行了一个破天荒的创举，叫作教室环境大改造。她请学校协助创设出有桌布、桌花和茶的学习环境，学生首先静静地阅读。这是一次很前卫的教学研究探索。目前还只是一例孤证，但是可以帮助我们打开思路。教学不仅仅只有我们现在看到的样子。从显性的角度看，可以对教室的物理环境进行设计，布置不一样的教学环境；从隐性的角度看，可以营造一种安静、安心、安全的教学环境，体现出独立与合作、民主、尊重、敬畏生命的教学环境。这样的环境创设旨在使学生愿意表达——说出真心话，不是揣摩教师的需要，说违心的话、迎合教师需要的话，配合教师完成任务，甚至不惜作秀。

还有学习问题设计。上海市东海学校的初中语文教师陈华，用两个问题串联起了一节课。他用"课前预习单"，就是用调查的方法寻找学生的真实认知与认知冲突（这与上述周老师用"预习本"了解学情有异曲同工之妙）。通过与学生个别访谈，他了解到学生对愚公移山这个经典故事略知一二。《愚公移山》的课前预习单，他设计了三个问题。结合学生们填写预习单的情况，陈华老师在课堂学习单上设计了两个问题。这节课的研究报告《个别化学情分析：深度学习的前提——以〈愚公移山〉教学为例》发表于《湖北教育》2019年第8期。

与学习相关的问题还有好多，需要教师在课堂里发现并创造性地解决。

建议

古人云"工夫在诗外""磨刀不误砍柴工"，走进教育写作大门，从熟悉、熟练到成为行家里手，不能只拘泥于写作方法的习得，还需要写作素养的积淀。从好文章的诞生看，写出来是结果，而做出来是前提。做和写构成了因果关系。一位幼儿园教师说："做得好，没写好，可惜；没做好，想写好，可笑。"

从我们已经形成的经验给教师以下建议：

一、改变"秧田式"座位的传统

课堂的物理环境需要改变"秧田式"座位排列方式，设计与课堂学习活动相匹配的座位形式。目前已经出现了有个性的、与学生学习活动相匹配的教室空间设计，如李希贵校长主持的北京十一学校的经验。

学习共同体教改实验中，我们曾经尝试过四人合作协同学习的座位安排，也尝试过六人合作协同学习的座位安排。

四人合作协同学习的座位安排，比较简单的是两人同桌，前后四位学生组成学习小组。我们可以重新组合课桌椅，让学生的座位安排形成U形（见下图），四位学生两人坐在U形底边，两人坐在U形左右两侧。这样既方便面朝前方听教师讲，也容易组成学习小组进行合作交流。

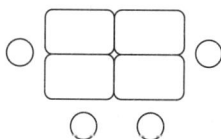

这种U形座位设计还可以运用到整个课堂空间的设计中，一个教室变成了一个大U形，学生三面就座，中间的空地是学生学习活动展示的场地。教师的讲台仍然在U形上面的缺口处。

由于某些班级学生人数过多，我们曾经尝试六人合作协同学习的座位安排（见下图）。这种方法是教师做实验、学生帮助教师设计出来的。

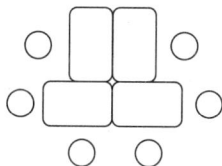

还有教师尝试过三人合作的形式。三排座位六位学生组成两个三人的组

合（见下图）。

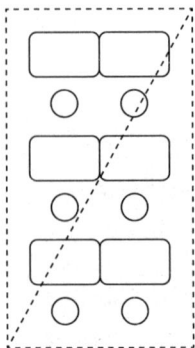

二、做行动研究需要做两轮

本章引用的《美丽的花挂毯》课例来自浦东新区航头学校骨干教师研修班的成果。研修班的学习研修历时两年。第一年以读书、听讲座为主要方式，旨在打开教师的视野，建立理论视角。读书后要撰写读后感，引发与作者的思想交流，提升思维品质。第二年以走进课堂做研究为主要方式，由学员执教课例研究课，其他学员学做课堂观察员。

该班的研修活动总结出了"三二一"课例研修范式（见下图）。

课例研究迭代升级：在两轮行动研究中提质增效

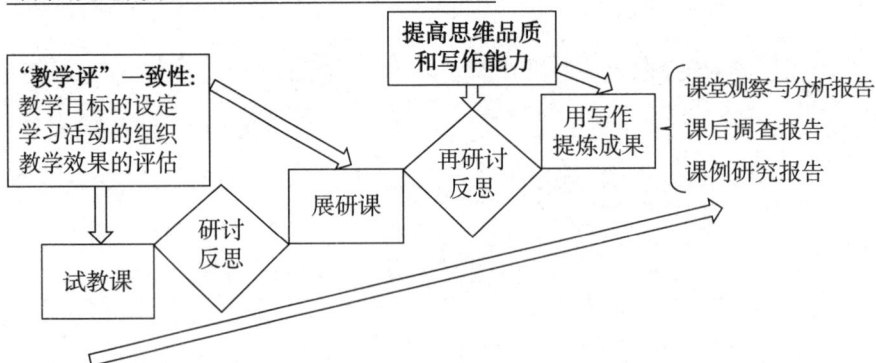

"三"指教学设计的三个靶点，即教学目标的设定、学习活动的组织、教学效果的评估；"二"指两次教学后的研讨反思；"一"指用写作形成课例研修的闭环。参与研修的教师分别撰写三类文章：课堂观察与分析报告、课后调查报告、课例研究报告。执教者撰写的课例研究报告可以对试教课和展研课作整体对比分析，也可以选择其中某一个论题作分析阐述。

与以往的课例研究相比，它的拓展延伸之处在于：行动研究做两轮、三类文章做闭环、实证研究升品位、教师能力有提升。课例研修把学校的教研、科研、培训三者糅合成一体，希望减轻教师的负担，实现提质增效的目的。这种新样式实施路径、方法清晰明了，容易推广，在推广中以期有更多验证。

我早就听到过专家的提醒，告诫教师做行动研究需要做两轮，以此重复证明（也是证实）行动研究是否有效、是否科学可靠。我在组织教师开展课例研究中，两轮行动研究一直能有如愿进行。这次航头学校的专题研修班有了做课例研究前后两轮的条件，有固定的人员和固定的活动时间，特别是青年教师勇于挑战自己能力边缘的勇气，促成了两轮行动研究的落地。

从调查收集的数据资料分析，课堂观察、课后访谈和问卷调查的结果，都显示出行动研究做两轮的成效凸显，第二次的展研课质量有显著提高。这与课例研修中前后两次研讨反思呈正相关。

在外出作讲座时，我以"新课标视角下的'教学评'一致性"为题与教师分享航头学校的"三二一"课例研修经验，得到了听课教师的认同和肯定。欣喜的是一些学校也开始尝试运用此方法，开展基于情景性、本土化的教改实验，用教学变革促进课堂转型，落实新课标核心素养教育的目标。

开展两轮行动研究方法指导下的课例研修，需要四个因素：一是校长的领导力，二是教务主任（科研主任）的组织力，三是教师愿意并积极参加以校为本的课例研修活动，四是得到专家的指导和支持。专家的指导和支持要有可行性，那种走过场式的指导一般效果都不明显。

第 五 章

动态研究
——学习观察与分析

概述

一、学习观察是课堂观察的"升级版"

几年前，我就读到成尚荣先生的文章，他提出要把教研的重心从"教的研究"转为"学的研究"。前些天，听李政涛教授与王崧舟老师对谈《活在课堂里》，又听到了相似的观点，他们认为我们现在面临着两大研究任务：一是研究学生，二是研究学习。由此引出怎样做学生研究和学习研究的思考。

我们现在的教研活动也会关注学生、关注学习，较多专注于静态研究而忽视了动态研究，比如没有把手机拍摄功能纳入研究，较少通过细节的呈现来提升质性研究的信度、质量。教研活动往往是大而笼统地说一些大而失当的话语，会注意整体性而忽视细节，缺乏对学生的个别性、个体差异的研究，有浮于水面难以深入核心和本质的尴尬。

陈静静博士的著作《学习共同体：走向深度学习》《学习共同体：用课例告诉你》比较详细地记录了学习共同体教改实验团队用佐藤学教授的课堂观察作为技术手段，把课堂观察与分析提高到一个新阶段的过程。结合成尚荣等专家的指点，我们一线教师做学习观察与分析，是在课堂观察基础上的继续与提升，应该有助于问题的解释乃至解决。

二、动态研究是对静态研究的补充

静态研究与动态研究是相辅相成、互为补充的两种不同研究类型。教育界既应该有静态研究，也应该有动态研究。实际情况是相当长一段时间里我们的静态研究很多，动态研究很少。

静态研究是有效的研究方法，一如给病人做 CT 检查，可以条分缕析地分析。问题在于学生的课堂学习是一个动态发展演变的过程，如果只用静态研究的套路，我们或许对学生学习状态、学习的浅表与深刻、学习处于低阶思维还是高阶思维的甄别，只停留在一个"静态"的切片上。应把教育看作"流动的河"，因为"人不能两次踏进同一条河里"，所以需要以当今教育的实然状态为研究对象，搜集课堂里学生学习的丰富资料做动态研究。

如今，倡导走进课堂做研究、做动态研究的大有人在。在浦东新区，就有众多专业研究人员和教师结成"研究共同体"，以"课堂观察与分析"结合课例研究做扎根课堂的行动研究，这是有别于"不走进课堂做研究"的另一种研究范式。

动态研究以事实为依据，把教育教学的原理与动态生成的课堂结合起来，为教育研究开辟了多样性研究的路径。

与那些静态研究相比，动态研究可以把课堂的机理一一呈现出来而更生动活泼，让教师同行在观察中产生强烈共鸣。如果教育研究"不食人间烟火"，我们就很难获得客观评价，也有可能"站着说话不腰疼"。

回到教育写作看课堂学习状态的观察与分析，这样的写作也许还入不了教育报刊编辑的法眼，还会被教师论文、征文评委排斥，打入冷宫。我对此并不意外，但我认为这样的文章有其独特价值，它们承载着课堂的温度和意义，可以"独立寒秋"，别具一格。正是这种动态研究的真实呈现可以补充哲思研究、理论研究的某些缺失。实践需要理论滋养，同理，理论也需要实践滋养。

例析

一节小学美术课《美丽的花挂毯》的课堂观察由多位教师组合完成，观察员从不同的视角发现和解析"课堂的秘密"，犹如用若干刀具解剖课堂。

"小组合作"学习在小学美术课堂中的实践与思考

2024 年 12 月 18 日，我参加了上海市航头学校小学部举行的主题为"新课标何以落地——小学美术《美丽的花挂毯》课例研究与课堂观察"的教学研究活动。航头学校的张芯玥老师执教的《美丽的花挂毯》研究课，教学对象是小学三（8）班学生。

课堂上，张老师以其独特的教学魅力和精心设计的教学环节，营造出了一个充满创意的学习氛围。教学活动设计循序渐进、趣味盎然，还融入了数学学科知识，巧妙地引导学生逐步深入创作的世界。学生们学得津津有味，积极投入到教学环节中，无疑是一堂在教学实践中具有示范意义和启发价值的优质课，让第一次担任课堂观察员的我受益匪浅！

一、走进课堂近距离观察学习活动

1. 课堂情况和观察对象的介绍

我是教一年级美术的新教师，对三年级的美术课教材并不熟悉，所以对这堂课，我也是一位学生。此外，航头学校三（8）班我也是第一次接触，因此，我随机选取了观察位置和观察对象，记录观察对象的学习过程。对于这位学生的情况，在观察之前我也是不了解的，一切都是陌生的。以上两点使这堂课的实验性质更加凸显。

在正式上课前，我仔细研读了教案设计，此节课的教学目标分为基础性学习和冲刺挑战性学习两方面。基础性学习：认识花挂毯，找出构图的基本框架骨骼线，创作一幅花挂毯，培养绘图设计能力。冲刺挑战性学习：小组合作制作融入幻方的规律、组合和谐美观的花挂毯。这两个教学目标和我们之前常用的教案设计的教学目标编写方式不太一样，此次设计的教学目标体现出很强的关联性和递进性。教学重点是运用几种骨骼线设计对称纹样的图案。教学难点是根据幻方数字组合规律选择合适的图案、色彩和组合方式设计花挂毯。教学策略是通过示范法、实践法、小组合作法进行教学，可以说小组合作法贯穿了本节课的始终。而我观察的同学正好是第一组的小组长，因此这里就针对小组合作来讲一讲我观察到的故事。

2. 讲授新知环节中的小组合作观察

在课上，张老师创设情境，请同学们做挂毯设计师，为学校设计一款花挂毯美化校园，并以小组为单位阅读教材，自主学习完成学习单，认识花挂毯的特点（图案之美、骨骼线之美、色彩之美），请小组代表帮助老师完成板书，再由老师进行知识总结。在这个环节中，张老师的指令是：请同学们以小组为单位自主学习完成学习单，认识花挂毯的特点。

我观察到第一组的每位同学都在认真阅读教材并填写自己的学习单，可能大家都沉浸在自己的阅读思考中，没有出现小组的交流与讨论。我猜想，张老师设计此环节的用意应是学生们自主发现并思考，进而在交流中发现问题，争论"对错"，辨别"真理"。但很明显，在第一组"小组"只是宁面意义上的"小组"，是一种空间意义上的划分而非学习模式。

3. 探究活动中的小组合作观察

在接下来的课堂活动中，同学们已经学会了挂毯的绘制，对于如何组合漂亮的花挂毯，张老师请同学们以小组为单位摆一摆花挂毯的组合，并请小组代表上台介绍和展示摆放思路。老师在此融合了数学中的幻方规律来进行摆放，渗透更多的数学知识。

在此环节中，第一小组开始了小组合作。张老师的指令是：同学们学会了挂毯的绘制，如何组合成漂亮的花挂毯呢？我们需要组合和谐美观，以小组为单位使用彩纸摆一摆。在桌上，每个小组都有颜色各异的彩纸和一个大的"挂毯"背景板。组员们可以运用不同的骨骼线（四宫格、五宫格、六宫格、九宫格）排列摆放彩纸，在背景板上组合成一幅花挂毯。

我观察的对象也就是第一组的组长，她主动拿起背景板和彩纸开始摆放，展现了强烈的自主意识。但是作为组长，她并没有询问其他组员的意见和建议，直接开始了摆放，其他组员在此过程中也没有提出自己的意见，似乎大家自动接受了组长的"领导"。在这样以组长为主导的活动中，第一小组毫不意外地完成了任务。

4. 学生实践和展示环节中的小组合作观察

在学生画一画的环节，张老师的指令是：由组长分配、制作花挂毯，小组合作完成一幅实用又美观的花挂毯，并为花挂毯命名。

在接到任务后，第一小组的组长快速地分配任务，明确提出 1 号同学画哪部分，2 号同学画哪部分……每位组员开始了认真绘画，其中有位组员在绘画过程中遇到困难，组长非常热情并清晰地向他提出了改进方法，体现出组长的责任意识。此后，小组内在创作中途并无其他交流。直到张老师说要选出完成速度最快的三个小组，组内同学才开始有动作。其中一位同学来到组长身边主动拿出背景板开始摆放，组长见状拿过背景板开始了"指挥"摆放和收集作品，分工合作的态势瞬间又变回组长主导的模式，此模式一直持续到课程结束，大家一起完成了作品，并为作品取了名字。

二、基于小组合作的课堂实证分析

从这堂美术课的观察中，可以发现小组合作在实施过程中存在一些问题，需要深入分析，以便更好地发挥小组合作在教学中的作用。

首先，在讲授新知环节，张老师的指令中明确出现了以小组为单位开展此学习活动。如上文所述，张老师可能是希望同学们可以通过自主学习，独立思考和总结后再交流讨论完成学习单，如果是出于此目的，张老师的指令应该更为明确，比如"通过书本自主学习，以小组为单位展开交流讨论，共同完成学习单"。以共同完成学习单为目的，设置激发学生合作的需求，才能开展以小组为单位的学习任务。

王坦教授在合作学习的定义中强调合作学习应以目标设计为先导，并以大面积提高学生的学业成绩、改善班级内的社会心理氛围、形成学生良好的心理品质和社会技能为根本目标。以目标设计为先导，意味着教师在进行活动设计时，应明确任务目标，合作学习的任务应满足任务难度大、任务数量多、任务较复杂等特征。此外，还需明确提出任务是什么，如何开展此项任务，要达到的具体目标是什么。因此，我感觉在此活动环节可以不用特意强调以小组为单位，因为小组并不面临共同的目标。或者，教师进一步明确指令，设计出小组需要完成的共同目标，创设出需要合作学习的问题情境。

其次，在探究活动环节，我观察的小组基本是由组长主导了整个探究过程，其他组员缺乏主动性。这反映出小组内角色分工不够合理，没有充分调动每个组员的积极性。可能是组长缺乏组织小组讨论和鼓励组员参与的意识，也可能是组员习惯依赖组长，缺乏主动表达和参与的意愿。

美国明尼苏达大学合作学习研究中心的约翰逊兄弟提出，"在合作学习过程中，大家通过共同工作来促进自己和他人学习效果的最大化"，合作学习就是在"教学中应用小组"。合理的分工是合作学习的关键，先要建立分工意识。我认为这需要老师在任务布置的时候，明确强调小组合作的方式和每个组员的责任，让他们知道自己应该做什么，或者对小组合作学习的程序进行事先培训，方能保证小组合作取得实质性成效。

再次，在学生实践和展示环节，仍然是组长主导分配任务，组员遇到困难时主要依赖组长解决，组内交流有限。在任务驱动下（如评选最快完成的小组），小组合作模式才明显，但依然是以组长指挥为主。比较有趣的是，其他组员在此时充当"气氛组"为组长加油，而没有一起动手共同解决问题，我认为可能是其他组员缺少参与动手的契机，所以只能通过言语为组长加油，这说明第一小组是有强烈团队意识的，但小组合作可能缺乏有效的机制来保障每个组员的平等参与和持续交流。同时，也反映出评价方式对小组合作模式的影响，如果评价只注重结果而忽视过程中的合作情况，就难以促使小组真正形成有效的合作模式。

固然，这堂课毫无疑问是一堂有趣的成功的课，每组同学最后也都完成了小组作品和展示，但是仅看第一小组的情况，不能确保学生之间开展了真正意义上的合作学习。就如约翰逊兄弟指出的，即使将学生划分为多个小组，让学生围坐在一起，也无法确保学生之间能开展真正意义上的合作学习，学生在小组内进行的可能是独立学习，也有可能存在与其他组员彼此竞争的学习。

三、小组合作的实施路径建议

为了改进小学美术课堂中的小组合作，提出以下实施路径建议：

1. 明确小组合作目标与任务

以目标设计为先导，以任务激发学生合作的需求，明确提出任务是什么、如何开展此项任务、要达到的具体目标是什么。在设计小组合作任务时，还要确保任务具有一定的难度和复杂性，需要小组共同努力才能完成。

例如，在讲授新知环节可以增加小组学习单，以小组的方式共同讨论并完成学习单上的任务，让同学们在辩论的过程中使"真理"越辩越明。

2. 优化小组分组与角色分工

根据学生的性格、能力、兴趣等因素进行科学分组，每组人数不宜过多，以保证每个学生都能充分参与。例如，可以将具有绘画特长、创意丰富、组织能力强、细心耐心等不同特点的学生组合在一起，形成优势互补。在小组内明确每个组员的角色，定期轮换角色，让每个学生都有机会体验不同的角色责任，培养全面的合作能力。尤其是，不仅要看见小组内的"强者"，更要看见小组中的"弱者"（判断"弱者"和"强者"的标准，不只是成绩，还有性格和习惯：性格内向、课堂上不爱主动发言的即为"弱者"，反之则为"强者"）。在开展合作活动的时候，让"弱者"先说，大家补充，"强者"概括或总结。这样的合作学习让每一个人都参与进去，都被看见与并有所贡献。

3. 加强小组合作技能培训

给予学生必要的小组合作技能培训，包括如何倾听他人意见、如何清晰地表达自己的想法、如何进行有效的讨论和协商、如何解决小组内的分歧等。例如，可以组织小组讨论活动，让学生在实践中练习这些技能，教师及时给予反馈和指导。同时，培养学生的团队意识和责任感，让他们明白小组的成功离不开每个组员的努力，每个组员都应为小组贡献自己的力量。

4. 建立有效的小组合作评价机制

注重过程与结果相结合。在过程评价方面，观察小组合作的氛围、组员参与度、交流的有效性等，及时给予表扬和改进建议。例如，当发现小组内成员积极讨论、相互支持时，及时肯定并鼓励其他小组学习。在结果评价方面，不仅关注作品的质量，还要考量小组合作在作品完成过程中所起的作用。可以设立多个评价维度，如创意、绘画技巧、合作默契度、展示效果等，让学生全面了解自己小组的优势和不足。另外，在小组学习单的开头也可以设计表格，请同学们注明组员有哪些，每个组员负责哪个部分，其对小组的贡献和评价是什么，鼓励组员自评和互评，促进学生自我反思和相互学习。

参加这次教学研究活动，让我有机会坐在学生身边，跟他们一起学，观察他们怎么学。每位老师在研讨中都根据自己观察到的学生和故事进行了分享、探讨，提出的观点极具启发性，让我获益匪浅。

（上海师范大学附属浦东临港科创小学　李金宇）

营造安心安全的学习氛围

2024年12月18日下午，我来到航头学校听了一节三年级美术课《美丽的花挂毯》，执教的是张芯玥老师。在课后的研讨中，我和其他课堂观察员都分享了自己观察到的学习现象和故事。在热烈探讨的氛围里，我们都受益匪浅。

在我观察的小组中，一名女生的转变令我惊喜，让我看到了协同学习的意义，也感受到营造安心安全的学习氛围对协同学习的促进作用。

与讲授式课堂中的秧田座不同，张老师以小组为单位，将座位改为餐桌式排列。这样，学生可以更好地把课堂学习的重心放在独立学习以及与同伴的交流互动上。

我观察的小组由两名男生和四名女生组成，具体的座位方式如下图所示。张老师讲解完制作花挂毯的相关知识点后，布置了小组合作学习任务：小组合作，先确定彩纸摆放位置，再讨论主题，然后分别在卡纸上画好图案，最后按商量好的顺序进行摆放，组合成一幅花挂毯。

小禹	小唐	小严
小秦	小张	小冷

餐桌式的座位排列方便六名组员面对面地交流探讨，也能够带给学生"并肩作战"的陪伴感。协同学习任务发布伊始，小禹和小秦就拿着小组卡纸在桌子中央开始尝试不同的组合摆放，其他成员认真观看或提出不同想法。在绘画过程中，组员们一抬头就能看到同伴认真的身影，从而沉下心继续画，有不确定的想法时也便于寻求同伴的意见。安心安全的物理环境促进了协同学习的发生。

在观察过程中，我发现坐在对角线上的同学之间交流比较少，如果按照四人一组或者采用 U 形座位、"团团坐"模式，组内的任意组员都能够近距离交流，小组协同学习的氛围将会更加浓厚。

课堂中的心理环境指影响学生认知效率的师生心理互动环境，它是由学生心理环境和教师心理环境构成的。在协同学习的课堂上，师生、生生间的平等、尊重的关系尤为重要，其中，学生之间的情绪体验、同伴关系等因素对学习效率和学习成果有着重要影响。良好的情绪体验、同伴关系能够提高学生的认知效率，激发学生的学习兴趣和主动性。我观察到该组的小严同学就在良好的情绪体验、同伴关系中发生了华丽的转变。

小禹和小秦结合组员们的意见确定好摆放位置后就分发卡纸给每个组员，我注意到小严很想领彩色的卡纸，几次想伸手领纸，却迟迟没有行动，最后只剩下一张白色的卡纸，小严领走了。

在卡纸上绘画时，其他组员都低头作画，小严却不是那么自信，她总是抬头，仿佛想要询问些什么，屡次看到组员们认真的模样后放弃，继续低头画自己的，其间夹杂着一些自言自语："哎呀，我的这根线画得不直，要擦掉重新画了。""我要在对角线的位置画四个椭圆形，这样画应该可以的。"……有一次，她自言自语时撞上了我的目光，她腼腆地笑了笑说："我要画四个椭圆形，是对称的图案。"我笑着点点头："对的，你画的这个椭圆形很好。"她听后不好意思地笑了，继续低头画，画完一点就会展示给我看看。

小组成员陆续画完了自己的卡纸，小张和小冷这对同桌开始交流起来，互相点评对方的画作，并且提出自己的建议。小严才画完两个椭圆形，但是也停下画笔加入其中，她夸小张的画颜色很漂亮，看起来很吸引人，又评价小冷的画也很漂亮，图案形状很特别，其中渐变的颜色也非常美，说完后还扭头向我解释："她是专门学画画的，画得很好，平时画画也很漂亮！"小冷被夸得有点不好意思，也拿过小严的画开始看，并且告诉她有一根线条不够流畅，可以再修改修改。小严十分高兴，连忙说自己先修改，等完全画完后再给她们看，说完她就低头修改，并且继续画未完成的椭圆形。这一次她没有再抬头说话，画画的速度也明显加快了，我留意到她画完四个椭圆形后还细心地在卡纸边沿勾勒了四条波浪线，完成后又主动递给小张和小冷，询问她们的意见，小张和小冷连连点头称赞，其他组员也纷纷转头看这幅画作，都不吝啬自己的赞美，表现出对小严画作的喜爱。小严的笑容越发明显，她拿回卡纸后兴致勃勃地准备涂色，这时老师提醒时间已经不够了，未组合图片拼成花挂毯的小组要抓紧时间进行组合摆放。

听到老师的话，组员们纷纷把画好的卡纸往中间放，小秦开始主动组合摆放组员们的卡纸。小严意犹未尽地交出了未涂色的卡纸，直着身子看小秦摆放。看到小秦拿起自己的作品时，小严张了张嘴没说出什么话，等到小秦拿出固体胶准备粘贴到背景板上时，小严终于出声了："我能不能自己贴我的卡纸？"说完后就期待地看向小秦，小秦同意了，小严轻轻欢呼了一声就走到小秦身边开始粘贴，她在卡纸背面涂上胶，将其贴在背景板上，看得出她的动作很细致。

从最初的不自信、寻求认可，到后面的满足、勇敢提出需求，小严的转变带给我很大的感动。促成这一转变的就是协作学习过程中组员之间的互相倾听、良性互助，这样的良性关系也带给其他组员美好的学习体验。我感受到了安心安全的学习氛围促成了学生之间协同学习的真正实现。

因此，为了促进协同学习更好地发生，教师可以引导学生构建安全、舒服的学习氛围，比如随机挑选座位，自选学习伙伴，也可以在学习之前和同伴们抱一抱、握握手，增加亲近感。

当然，安心安全的学习氛围不是一时片刻就能够形成的，它需要经过长期的班级氛围的培育才能形成。因此，在日常教学中，教师可以多组织协同学习，引导学生制定协同学习的规则和方法，培养协同学习的默契。

（上海市尚德实验学校　璩婉莹）

学做课堂观察员

一、近距离观察学习活动

2024 年 12 月 18 日下午，我来到航头学校，观摩学习了张芯玥老师执教的研究课《美丽的花挂毯》。

在课堂上，我努力适应我的双重角色。作为一名一年级实习老师，我认真聆听，观察孩子们对美术的反应和兴趣点，同时我也在思考如果是我来上这节课，我将如何把教学内容与学生的兴趣结合起来。

1. 第一次小组合作学习的观察与思考

我观察的小组是由三名女生和两名男生组成，他们依照"团团坐"的模式落座（见下图）。

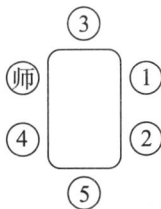

他们的团队合作以及动手学习环节给我留下了深刻的印象，也引发我的思考：在合作学习中，应该如何提高团队合作学习能力？教师教学过程的设计是否还需简单化？

课堂刚开始，张老师创设了简单的情境，迅速导入课程，五位学生都听得很认真，第一次的小组活动为：填写学习单，"找一找：花挂毯的特点是什么"，将正确的词语序号填入空格。在这个关键时刻，5号男生明显缺乏自信，而在我旁边的4号女生也显得有些犹豫不决，填写学习单的速度非常缓慢。这两名同学的行为举止清晰地向我传达了一个信息：他们对于花挂毯的特性并没有完全掌握和理解。

在接下来的环节中，张老师对刚才的课程内容进行了详尽的总结，并且热情地邀请同学们上台来摆放他们的答案。在这个过程中，我注意到小组成员都非常专注，他们安静地低头查看着自己的答案，似乎在仔细核对每一个细节。

2. 第二次小组合作学习的观察与思考

张老师巧妙地将数学领域中的"幻方"概念引入到探究活动中，通过这种方式，学生们更深入地理解花挂毯的组合形式，并且对最终作品的展示要求有了更加明确的认识。在理论知识的铺垫之后，学生们迎来了充满挑战与乐趣的小组实践环节。

在这次合作学习环节中，尽管学生在最后关头成功地完成了小组任务，但是依然暴露出存在的问题。在设计花挂毯的过程中，1号女生承担起了小组长的角色，并且积极地协助整个小组，几乎所有的决策都是由1号女生作出的，包括决定挂毯上花的位置、画什么图案以及催促组员们完成任务。然而，1号、2号、3号、4号组员之间缺乏有效的沟通，这导致他们在执行任务时显得有些不知所措，没有形成良好的团队协作。

在绘画中，5号男生越画越不自信，我们越看，他遮得越严实。在这种情况下，我对他说"你画得很好看呀"，但是鼓励的话语并没有起到效果。在最终的作品展示环节中，我发现了一个明显的错误，这直接反映出该小组在工作分配上存在一定的不明确性，以及组员的积极性存在问题。

分工的价值和意义不仅在于可以提升小组合作学习的效率，更在于其背后深远的教育意义：分工促使成员承担起相应的责任，责任的承担又培养了担当精神，而担当精神是快速成长和发展的催化剂。此外，合理的分工还能增进组员间团结协作，相互理解与支持，从而共同体验荣誉感与满足感。

由以上观察，我感到小组合作学习想要促进合作互动一定会浮现出成员职责划分的问题，究竟是设立小组长还是培养组员们公正、平等的协商和分工意识？对于部分畏缩、不自信的同学，我们该如何采取措施？

二、课后研讨引发思考

1. 聚焦问题细讨论

在课堂的尾声，我向坐在我旁边的4号女生提出了一个问题，我问她："亲爱的妹妹，你觉得在这节课中你学到了哪些东西呢？是更深入地理解了花挂毯的独特特点，还是对中心对称图形有了更清晰的认识，或者是对数学中的幻方概念有了进一步的了解？"她沉思了片刻，然后说："我觉得我对中心对称图形有了更深入的了解。"从她的回答中，我意识到她并没有完全掌握这节课的核心知识点。可能是因为课程内容太多，她仅仅停留在了最初的理解层面，并没有进行更深入的学习和探究。

随后在课后研讨环节中，九个小组的观察员依次分享了他们各自观察到的学习现象和生动的故事。大家不约而同地表达了对这节课的高度认可。张老师的课堂展现了明确而清晰的教学目标，这无疑为学生的学习指明了方向。

然而，我们也提出，如果教学过程的设计能够更加简化一些，那么同学们在绘画、合作以及讨论上的时间就可以得到相应的增加。这样一来，是不是他们该掌握的东西能够掌握得更牢固？是不是不仅能够保持课堂的高效性，还能进一步激发学生的创造力和团队协作能力？

美国明尼苏达大学合作学习研究中心的约翰逊兄弟提出，"在合作学习过程中，大家通过共同工作来促进自己和他人学习效果的最大化"，合作学习就是在"教学中应用小组"。但是从各个小组观察员收集的信息来看，我发现不同小组在团队合作学习过程中的表现、取得的效果上有很大的差别。这些小组大致分为三类：第一类小组称得上"强强联合"；第二类小组是"配合默契"小组；第三类小组学习效果比较平淡，我称其为"貌合神离"小组，我所观察的小组就属于这一类。

2.积极思考想对策

首先，我们对教学内容进行细致的梳理，去除那些不必要的冗余信息，确保每一个核心知识点都能够被清晰地呈现出来。这样做不仅有助于学生更容易地理解和掌握所学内容，而且还能提高课堂效率，使学生能够在有限的时间内吸收更多的知识。

其次，为了激发学生的学习热情和主动性，我们应当设计更多样化的教学活动。这些活动包括：小组合作学习，通过团队协作来完成特定任务；创意绘画，让学生通过艺术的形式表达对知识的理解；深入讨论，鼓励学生就某一主题展开辩论，从而深化对知识点的认识。这些多样化的教学方式能够让学生在轻松愉快的氛围中学习，同时也能培养创新思维和团队协作能力。

对此，我认为张老师的活动策划极为出色。

张老师不仅在活动内容的创新上展现了非凡的才华，而且在活动的组织和执行方面也表现出了极高的专业性。她能够准确地把握学生的需求和兴趣点，设计出既富有教育意义又充满乐趣的活动。这种能力是非常宝贵的。

最后，加强课堂管理是确保教学活动有序进行的关键。教师需要密切关注学生的课堂表现和反馈，及时调整教学策略和方法，以适应不同学生的学习需求。灵活而有效的课堂管理不仅能够维持良好的教学秩序，还能为学生创造一个积极向上的学习环境。

通过实施这些教学策略，我们能够进一步优化教学流程，为学生提供更多的实践和交流机会。这不仅有助于学生更扎实地掌握知识和技能，而且能培养他们的自主学习能力和终身学习的习惯，为他们的未来发展打下坚实的基础。

对小组合作学习的程序进行事先培训。许多同学有团结协作的意识，却缺少协作学习的经验和方法，因此老师也应在日常学习中引导学生学会合作。已有的学习共同体教改实践已经证明，合作学习需要有独立学习在前，没有个人的独立思考，合作学习往往会流于形式。在领取到小组任务之后，组员一定要先独立思考，再带着收获或者困扰进行群学。比较有代表性的群学规则是"'弱者'先说或做，大家补充，'强者'概括或总结"，这里判断"弱者"和"强者"的标准并不只是成绩，还有性格和习惯，课堂上不爱或不敢主动发言表达、沉默寡言者即为"弱者"，反之则为"强者"。按照这样的顺序进行反馈交流、讨论激辩，组员们能够更好地解决疑惑、钻研问题、拓宽思维。

三、教师为何以及如何做课堂观察员

这次的课堂观察研究员体验带给我许多惊喜，我从中产生了很多新的思考。

在教育实践中，教师应深入反思并调整自身的教学策略，以确保教学活动能够真正满足学生的学习需求。这要求教师不仅对学生的学习过程有深刻的理解，而且能够倾听并理解学生的声音，从而在教学设计中融入学生的视角和需求。此外，教师应持续进行教学反思，通过观察、评估和调整，不断优化教学方案，使之更加贴合学生的实际学习情况。

教师学做课堂观察员，可以走近学生，近距离观察学生的学习行为，就如我因为仔细地观察第一小组五位学生的学习，从而看到了在小组合作学习中的成功和不足，引出了我对小组合作学习的新思考。

踏入教室，坐在学生身旁，与他们一同学习，观察他们的学习方式。在多样化的课堂环境中，注意学生的学习状况以及教师与学生之间的互动，可以直观清晰地发现教学中存在的问题。只有发现了问题，教师才可能去探究问题的根源和实质，构思出解决问题的策略。

在这次意义非凡的研修活动中，我有幸以观察员的身份深入课堂，这对我来说是一次非常宝贵的经历。通过这次观察，我作为一位新教师获得了极大的收益，因为我得以从不同的角度去理解课堂上所发生的一切。我不仅观察到了张老师精心设计的课堂布局和教学流程，还能够细致地观察到学生们在学习过程中的反应和接受程度，以及他们所学到的知识点。这种全方位的观察让我对教学有了更深刻的认识，为我未来的教学工作打下了坚实的基础。

（上海师范大学附属浦东临港科创小学　邱子倩）

"花挂毯"课堂探秘
——深度观察下的教学启示

2024 年 12 月，我们两次走进航头学校张芯玥老师的研究课《美丽的花挂毯》。该课主要通过绘画和设计的方式，让学生了解和创作花挂毯。这需要学生在观察、发现、比较、组合的基础上完成个人作品，并通过小组合作将组员作品排列组合起来形成一幅大的花挂毯。作为观察员，我们观察了她的试教课和展研课，对象是航头学校的三（5）班和三（8）班。

试教课结束，我们发现张老师的课堂很有艺术感染力，同时课堂里充满了紧张的氛围。张老师担心教学时间不足，孩子们也仓促地完成手中的绘画。最终展现出了五个小组通过合作完成的作品，还有三幅作品未完成。作为观察员的我们一起研讨了张老师的教学设计和活动安排的合理性，大家给出了一些修改的建议。通过一周的教学调整，张老师的这节课在教学目标、活动设计和时间安排上作出了较大的调整和完善。导入环节让学生自主学习课本上花挂毯的特点，弥补了试教课时未让学生结合教材去学习的不足，对于跨学科数学幻方的融合也缩短了教学环节，给到小组合作完成创作花挂毯的时间更多了。

回顾两次课堂的教学设计和课堂实践的观察分析，发现值得我们思考的教学问题有很多。

一、保障所有学生的学习权

两次教学中，我们观察到张老师根据学生的不同情况和教学目标设计了教学活动——创作花挂毯。学生在了解花挂毯的特征后，张老师给出了指向性的要求让学生们进行独立创作。可以看到整个活动过程中，学生们很投入，积极性很高，但出现了同一个问题：时间不够。其实在试教课后，对于跨学科融合的这一教学环节，大家都给出了相同的建议：可以更简单明了地去呈现幻方数字，多给学生创造时间和空间。毕竟学生之间有着学习能力的差异性，对于课堂作品的完成度也就存在着时间差异。在有限的时间内，如果能实现所有学生的学习权，那就真正实现从以"教"为主走向以"学"为主，真正建立了以"学习"为中心的教学关系。因此，课堂教学中的主体性非常重要，教师需要尊重学生的主体地位，根据学生学习和发展需求的变化，在学习知识、语言交流、时间分配、空间管理等方面赋权给学生。而相较于试教课的仓促，在展研课上，张老师对于跨学科环节作了删减处理，在合作活动开始时，出示具有指向性的创作要求，引导学生明确目标，自主创作，让学生合作探究学习。虽然时间依然不够，但每个小组都基本完成了自己的作品。在赋予学生权利后，学习效果得以更好地展现。

二、缺失实施策略的跨学科融合真的必要吗

张老师尝试将《美丽的花挂毯》这一课和数学幻方进行一次跨学科的融合教学。在试教课时，张老师通过出示九宫格让学生回顾数学三阶幻方的特征，并让学生解决以 5 为中心的幻方填写，想由此架构到本次绘画花挂毯的学习活动中。学生以看到的九宫格为摆放花挂毯的基础开始设计，但并没有利用幻方中的数字规律融合数字图案去创作自己的"花挂毯"。加上回顾

幻方这部分内容花费的时间较长，导致学生合作学习创作作品的时间变得紧张了。之后一周，张老师针对大家给的建议，对这部分内容进行了调整和修改，在展研课时她将幻方以直接呈现的方式展现给学生，并对幻方的规律进行了简单的回顾。这节课留给学生更多的创作时间，但在学生最终呈现的作品中依然难以找到与幻方数字规律有关的图案。

在传统的学科学习中，知识往往是按照学科界限划分的，而两次课上，张老师都尝试将美术知识与数学知识结合，这种课堂呈现方式比较新颖，能够激发学生的好奇心。课堂上，学生通过小组合作，完成了一幅幅画作，最后以九宫格的形式展示，他们从多个学科角度去探究花挂毯，开拓新的思路和创意。

翻看张老师的教材分析，她提出本节课的教材中呈现以中心对称为主的图案，因此教学重点应放在中心对称图案的创作上：让学生了解对称纹样的特点，包括左右对称、上下对称和斜角对称等；通过骨骼线架构的形式，设计表现对称纹样；在掌握基础对称纹样设计后，引导学生尝试创作具有创意性和适切性的中心对称图案。这引发了我们的思考：这节课的跨学科融合教学有必要吗？

艾伦·雷普克在《如何进行跨学科研究》中提出：跨学科研究是回答问题、解决问题、处理问题的进程，这些问题太宽泛、太复杂，靠单门学科不足以解决；它以学科为依托，以整合见解、构建更全面的认识为目的。但张老师在这节《美丽的花挂毯》课上，并没有通过数学幻方解决美术课堂中的学习问题，只是利用了幻方的九宫格呈现了作品的摆放。而跨学科需要的是将学科思想和教学方法进行整合，达到解决学科问题的目的。

假设这节课去除学科融合的环节，学生就会有更多时间进行中心对称图案的创作，并能根据实际完成情况进行四宫格、六宫格等拼接形式的呈现，这样，对于花挂毯的艺术审美将不局限于九宫格。因此，如果只是简单地将学科内容"拼盘"，而学科之间并无核心问题的贯穿和统领，其实践还是停留于不同学科的教学，与传统的分科教学别无二致。

三、合作学习，相互"拼接"形成成果

张老师在教授学生了解花挂毯的特征后，让学生以小组的形式组内分工开展创作，并在最后以小组作品拼接的形式呈现出一幅大的"美丽的花挂毯"。

为了让小组合作顺利开展，张老师课前已经依据学生基础知识水平、学习能力、学科特长等特点进行了分组，并指派了每组的小组长。我们通过两次观察课发现，所观察的小组组长都能井然有序地安排组员进行绘画创作并最终摆放呈现。这让我们看到了小组合作时，所有学生都有事可做。在展研课时，我们观察的小组组长在活动开始时，就征集组员想法，先定下一个主题。在商讨后他们决定用"阳光阁"的主题名，这符合他们是由五个阳光男生组成的小组。这个主题的确定，让他们在之后选取纸张时，也刻意选了暖色调进行绘画。接着，组长开始分配任务，让速度快的同学承担了绘画两张的任务。绘画水平较弱的小陈同学在开始时无从下手，引起了组内同学的关注，大家纷纷提醒他"你可以按照骨骼线左右对称来画""来看看我的"。得到大家的启示后，小陈也开始投入绘画中。构建积极互赖关系，以小组的共同成果为基础，能让组员更主动地承担起自己的任务。

班杜拉的社会学习理论"着眼于观察学习和自我调节在引发人的行为中的作用，重视人的行为和环境的相互作用。其理论强调观察学习或模仿学习的重要性。在观察学习的过程中，人们获得了示范活动的象征性表象，并引导适当的操作"。在团队合作学习的过程中，优秀的学生起到榜样的作用，同伴之间的相互观察和帮助可以深化学生彼此的观察学习，这是团队合作学习的重要作用。

在经过张老师的试教课和展研课的观察与分析后，我们发现教学中学生之间存在着个体差异，思维水平参差不齐。教师要在充分考虑学情的基础

上，以审视的眼光看待教材，对教材进行合理开发，生成能适应大部分学生思维发展水平的教学环节，并根据学习目标设计出丰富多样的探究活动，为每个学生提供一个有利于其个人发展的教育环境，让学生在课堂上拥有学习权，让能力在学生自己和伙伴的相助经验中生长出来。真实的课堂是教学实证研究的重要场所，让我们真正了解学生需要的课堂，从而促进我们教师的专业发展。

（上海中医药大学附属浦东鹤沙学校　顾桑爽、张叶婷）

这是一次由航头学区组织的课例研修活动，它以学区组建的研修班学员的课堂观察为研究重点，呈现展研课的教学是否在学生身上产生了积极作用。为了让课堂观察员教师能够客观地评析展研课的优劣得失，我特意邀请了航头学区以外的几位教师参加活动。从几位非航头学区教师的课堂观察与分析中，我们可以看到活动是有效的。

活动的成效也超出了我的预期。每一个观察员教师以自己的感受、感悟呈现出独特视角的课堂观察与分析，为课堂观察融入了多角度思考、多棱面显现的组合，让我在研究中感受到了课堂所具有的"人间烟火气"，真实的研究蕴含了实事求是的思维品质。

建议

一、做学习观察的前提是教师需要转变观念

把"教的研究"变成"学的研究"，转变观念十分重要。教师的观念是在实践研究与创新的过程中转变的，所以这需要用提高学习能力、勇于实践教改来完成转化。

从坐在教室后面听课评课，到坐在学生身边看他是怎样学习的，这看似

是方法问题，其实，背后有着价值观的变化。

从开展学习共同体教改实验开始，我组织教师做课例研究时会安排教师学做课堂观察与分析。在南汇四中开展教改实验时，经过几次这样尝试后，教师慢慢习惯了课堂观察时的座位安排。在陈华老师的课上，他学校的好几位教师也随着我们的改变而学会了改变。课后的研讨他们也会基于学生的学习提出看法。

囿于习惯性思维，这场教改实验面临着如山一般的抗阻。人都生活在自己的世界里，不愿意走出舒适区等，这些都使得教改颇为艰难。而课堂观察正是教师转变观念的重要抓手。

二、做学习观察与分析的要点在于建立理论视角

理论视角从何处来？一是读书学习，吸收专家的理论观点为我所用，撰写读后感，把理论转化为教师的新认知。二是通过撰写实践创新的文章，归纳提炼基于实践的"扎根理论"。

陈静静等一批有志于教改，愿意吃螃蟹的人，初战告捷，已经取得了丰硕的成果。随着新课标的颁布与实施，我们有理由相信，学习观察与分析会走进课堂为更多教师运用，并验证其价值。

三、借鉴学习观察的方法

为了让观察员教师了解执教者的研究课意图，我们有些教师采取了在课前 10 分钟把这节课的研究意图、教学目标等公布于众的方法。执教者还会交给观察员一张座位表，上面有学生的姓名和座位，以便观察员迅速找到自己心仪的被观察对象。

在课前与学生进行一次即兴访谈交流，也是我们常用的方法，以消除课堂观察员与学生之间的隔阂，有利于深入了解学生学习的隐性状态。

进入课堂后，组织者把观察员的座椅摆放在他们方便观察学生学习状态的地方，要求他们自己选择观察的学生。为了让学生不至于因为有人观察而感到紧张、害怕，我们希望观察员与学生有交流对话，拉近与学生的距离。其实，有的执教教师会主动告诉学生，旁边的观察员是他们可以询问的老师。

第 六 章

有据有论
——基于学习的课例报告

概述

　　提出基于学习的课例报告，是在"学习设计与实施""学习观察与分析"基础上的思考。它们可以构成一种系列，或称系统。

　　课例研究不是现在提出的，已经有非常多的文章、书籍来阐述课例研究的流派、程序、特点与成效。国内做课例研究的专家就有安桂清教授，著有《课例研究》；杨玉东研究员正在进行"中式课例研究"的探索与理论架构；陈静静博士把佐藤学教授的学习共同体教改实验先引入浦东新区，后扩大到东西南北各地。

　　目前所见的课例研究报告，以作者身份区分，有一线教师的课例报告，也有专家教授撰写的课例报告。专家教授撰写的课例报告都是作者走进课堂亲自执教研究课的成果，如陈静静博士、陈大伟老师、王崧舟老师等。如果没有课堂教学的体验，是写不出课例报告的。不亲自上"下水课"，就只能用第三人称撰写相关课例评析。我在观摩陈静静博士的课后，就以第三人称撰写了《玩是表象，会学是追求——从学习共同体课堂学什么》（载《教师月刊》2017年第5期）。

　　一线教师的课例报告也很多，只是现在还少有专家以专著进行分析归纳，所以还是"散落的珍珠"居多，流于民间。

例析

这里提出教师撰写课例研究报告群的观点，以一节小学数学课《数学广场——幻方》为例，参与研究的团队分别撰写了课堂观察与分析报告、课后访谈与问卷调查报告、课例研究报告，这样可以通过不同的职责分工完成不同视角的研究文章。

下面呈现其中的两篇报告：一篇是观察者的"他"视角报告，一篇是执教者"我"和专业研究人员"他"的双重视角报告。

用课堂观察和课后调查反思教学成效与问题

我参加的航头学区研修班，在黄建初老师的带领下，进行了主题为"新课标何以落地——小学《数学广场——幻方》课例研究与课堂观察"的教学研究活动。

执教这一课的是鹤沙学校的数学老师顾桑爽。教学任务是让学生初步认识幻方，探索幻方规律，并能将规律进行迁移以解决问题。我们研修班教师走进顾老师的课堂，首次尝试做课堂观察员。作为顾老师的研究伙伴，黄建初老师还给了我一个建议：试试用课后访谈和问卷调查搜集证据，看看有什么作用。

一、课堂观察——发现"慢学生"真实的学习行为

1. 选择观察对象

课前，黄建初老师让我们选择一个小组进行观察，并在课前跟学生进

行简单交流。为了缓解我所在的观察小组学生的紧张情绪，四位学生和我各自作了自我介绍。二年级的孩子天真纯朴，跟我聊了起来。唯独那个坐得离我最远的小曹同学，介绍完自己的姓名后，没有参与其他几位同学和我的交流。

我继续用握手的方式和大家拉近距离，其实我的目的是想让小曹也能加入交流，课前一起放松。但握手后，他拿起笔开始在顾老师给的学习单上做题，依然没有要加入我们的意思。而我注意到，在顾老师正式授课前，他填写在学习单上的幻方数字全是错的。根据黄建初老师的指引，对教学目标设计的合理性和达成度分析需要借助于课堂观察，我决定将小曹作为我本节课的观察对象。

2. "慢学生"是怎样参与学习的

课堂伊始，顾老师让学生了解幻方起源的精彩导入，深深吸引了小曹的注意力，他全神贯注地听着顾老师的讲课。当老师请学生根据九宫格中的点数说出对应的数字时，小曹和其他同学都举起了小手。这毕竟是这节课中最简单的问题，一副小眼镜后的眼神中折射出了"与世无争"。

听到顾老师说以小组为单位一起尝试摆摆以中心数为 5 的幻方时，小曹俯身向前想参与到小组的摆放中。另外三位同学在学习能力上相对强很多，小曹的眼神一直打量着大家摆放的数字，但很快其他三位同学顺利摆好了。组内比较活跃的同学立马举手，嘴里喊着："我们好了！"顾老师请我观察的这组同学来回答，活跃的小罗同学代表小组回答正确。我看到，因同组伙伴的正确回答而迎来全班对整组的表扬时，小曹的嘴角微微上扬，一样充满了骄傲。有了这次伙伴们的"热身"助攻，在接下来的课堂中，顾老师提出的每一个问题小曹都会举手。虽然小曹没有实质性参与，但所在小组被赞扬后，他的自信心也被激活。

来到第二次的小组活动时刻，这次大家一起将所学幻方的规律迁移到中心数为 4 的幻方问题解决上。令我惊喜的是，小曹这次从第一次的俯身向前

"想参与"，变为走到离数字摆放最近的同学旁边"去参与"。他的小手拿起了数字 7 放在幻方第一行中间的空格，继续拿了数字 1，放在了第三行中间的空格。他嘴里默念着："7 加 4 加 1 等于 12。对了，我的这一列是 12！"能看出来，对于自己能完成一列和为 12 的数字摆放，他非常满意。同组学生看到小曹摆出了数字和为 12 的一列，就没有再去动这一列。可在剩下的数字里，他们重复多次摆放，却始终未能使每行、每列、每条对角线的数字相加分别都为 12。小曹似乎并不关心这些，他继续和大家一起在不动他的"成果"上继续寻找答案。

3. "慢学生"在他人带动下进入学习状态

终于，本组思维活跃的小罗发现了问题，他发现这次中心数为 4 的幻方，与中心数为 5 的幻方不一样，每个角上的数字应该是单数，否则没法成功完成本次幻方。于是，小罗跟小曹商量，把小曹摆的 1 放在右上角的空格。在小罗的提示下，小曹顺势把 7 放在了左下角的空格，这样一来，一条对角线的和为 12。有一位校长提出，小组合作活动学习能在课堂学习中激发学生的学习兴趣与积极性，促进交流讨论、分享经验，拓展视野，加深知识理解，实现"兵教兵"的良好效果。小罗发挥自己的思维优势，带动了小曹，提高了小组整体实力，也有助于提高学习内驱力。

接着，大家很快将答案一一找到。在还剩下数字 6 和 2 时，小曹很顺利地找到了第二列的位置，并正确地摆放。接着小组开始验算，只见小曹很努力地在嘴里嘀咕着和为 12 的算术，每验证一行一列，就会重复一句："对啦！"直到验证了最后一条对角线是正确的，小曹开心地回到座位上，将自己学习单上原本都是错误的答案一个一个改过来。而同组的小刘同学，边写边高兴地说："真好玩！"通过合作学习，大家一起探究、思考，排疑解难，纠错解答，验证无误，实现了团队共赢，同时学生在这个过程中感受到探究数学的乐趣，更加积极地投入到数学学习中。

4. 自我评估中的"慢学生"故事

在课的最后，顾老师对应教学目标，引领学生从知识教育、能力提升、素养培育三个阶梯去进行自我评估。我看到小曹非常兴奋地拿到了贴纸，经过顾老师的逐条解读，他把贴纸贴在了能力达到的第二阶梯，也就是"能根据幻方规律来判断幻方"。而同组的另外三位同学毫不犹疑地贴到了第三阶梯"能根据规律将不完整的幻方填写完整"。小曹发现了他和其他同学所达成的阶梯不一样，他默不作声，又把自己贴在第二阶梯的贴纸轻轻撕了下来，贴到了第三阶梯的位置，并用手使劲按紧。伴随着顾老师说下课，小曹收好了自己的文具，离开了我的观察视线。这节课他留给我的观察思考很多且很有价值。

课后，作为观察员，在黄建初老师的带领下，我们交流了各个观察小组的故事。

二、个别访谈——得到小组帮助，"慢学生"在悄悄跟上

学习的主体是学生，这节课的教学效果到底如何，我们还是要听一听孩子们的声音。为此，我先后进行了个别访谈和全班学生的问卷调查，想真正进行一次基于证据的课堂观察，并去发现一些秘密。

这是与平时"秧田座"课堂不同的一次以合作小组为单位的学习，也就是大家"团团坐"来进行学习。相对于"秧田座"的高速而压缩化的课堂教学进度，"团团坐"的方式留给组内学生更多的思考空间和更充足的纠错时间，这对于那些慢热的学生更具包容性。那么，课堂中学生是否通过组内协同去探究课堂中自己还未知的或没法解决的问题？我与我的观察对象小曹同学进行了一次个别访谈。

问：你喜欢顾老师这节数学课吗？

答：喜欢。

问：老师听到小刘说这节课很好玩，你觉得好玩吗？

答：我也觉得好玩。

问：好玩在哪里？

答：因为我们可以一起摆幻方的数字，错了，我们还可以再来。

这并不出乎我的意料，小曹除了慢热，几乎整场都投入到顾老师的教学中。

这是对顾老师这次学习活动形式的设计和合作小组课堂的巨大肯定。在这个过程中，"好玩""可以再来"，让这个本来比较"慢"的孩子更加投入，也有了更多的试错机会。

问：那你在摆幻方的过程中错了吗？

答：错了。

问：那同学是怎么帮助你的？

答：他们告诉我中心数为4的幻方四个角上的数字是单数。

问：那你放的数字是什么？

答：一个是7，还有一个……不记得了。

小曹对自己当时摆放的数字已经不能完全记得，但他清楚地记得同学告诉他的"四个角上的数字是单数"，我很诧异这节课让他有记忆点的是合作学习中同组学生告知的这个知识点，而这是合作活动中学生通过协同交流，发现错误并探究出的规律。佐藤学教授认为，教育的根本目的不应仅限于传授知识，而应该重视培养学生的思考能力、创新能力及合作精神。是不是我们平时"秧田座"的课堂，缺少对课堂上学生需求的捕捉，因而忽视了太多可以让学生探究的契机？这值得我们去思考和讨论。

问：老师发现，你最后贴评价贴纸的时候，一开始贴到了第二阶梯，是吗？

答：……

问：你觉得你掌握到了第二阶梯还是第三阶梯？

答：第二。

问：那你后来贴在第三阶梯是贴错了吗？

答：因为大家都是第三阶梯，我们是一组的。

对于我发现他的这个举动，我的提问似乎引起了他的警觉，小曹并没有第一时间回答我。但他毕竟还是个单纯的孩子，当我换了一种问法后，他诚实地告诉了我达到了第二阶梯。他之所以这样做，竟然是要和同组的其他同学一样棒。在他的回答中，我再次感受到了小组合作学习的魅力，小组合作学习像一只无形的手，推动着这些"慢"的孩子努力向更好的方向前行。

课后访谈是一种调查方法，它可以通过与学生的个别交流发现我们在教学中的亮点，也可以发现存在的问题，这对后续如何改进教学方法、提高教学效率有举足轻重的作用。其实，个别访谈很容易做，一点不难。

这次访谈，我只找了小曹同学，其特殊性和个体差异不能代表这节课所有学生的学习体验。

三、问卷调查——这样的课堂，"我们"很喜欢

如何用其他方法"互证"，使教师搜集的证据更多、更充分，得出的研究结论更可信？我以黄建初老师的专著《校本研修的八条主张》中"用调查搜集证据"的"量化的证据搜集方法例析"这一部分作为借鉴，设计了一份调查问卷。

课堂教学效果调查问卷

小朋友们，大家好！为了了解课堂教学的效果，特开展本次调查。本次调查采取匿名形式，不用填写姓名等信息。我们的调查只是了解情况，供内部分析用，不会对外公开。

请你根据实际情况，如实作答。

1. 你喜欢这次的课堂合作学习吗？（　　　）

A. 喜欢　　　　　　B. 不喜欢

2. 小组合作交流与在教室里独立思考，你更喜欢哪一种？（　　　）

A. 小组合作　　　　B. 独立思考

3. 本次学习，你是否掌握幻方的规律，并能进行中心数为其他数字的幻方填写？（　　　）

A. 很熟练　　　　B. 还在探索规律　　　　C. 还未掌握

4. 对这节课，如果让你打分，你会打几分呢？为什么？（100分为最高分）

在跟学生解释问卷调查的目的时，我还告诉学生调查采取匿名形式，结果不会公开，使他们能够畅所欲言。前三题为选择题，第一个问题旨在了解学生对整节课的总体印象；第二个问题主要了解学生对课堂中问题的思考更倾向于哪一种；第三个问题是针对本节课课堂知识目标达成度的了解。而第四个问题，通过学生真实的打分，了解学生对这节课的喜爱程度和知识掌握程度，同时通过陈述理由，了解学生对课堂的真实想法和建议。

第二天的早自习时间，由我这个非执教老师，对二（6）班全体学生开展了这次问卷调查。

统计结果如下：

（1）问卷共发放了35份，回收35份。35位同学全部回答"喜欢"这节课，达到了百分之百的喜欢率。足以见得，对于这节课给到的情绪价值，大家是认可的。

（2）35份问卷中，31位同学选择喜欢小组合作，4位同学选择了更喜欢独立思考。88.6%的学生在合作学习中感受到了乐趣和价值。

（3）35份问卷中，28位同学选择"很熟练"，7位同学选择"还在探索规律"，没有同学选择"还未掌握"。从数据上，能看出孩子们在课堂中都有不同程度的收获。

（4）在给顾老师这节课打分时，有22位同学打了100分，12位同学打分在90~99分之间。有一位同学打了56分，理由是"我不喜欢老师坐在我身边看着我"。看来这个孩子对老师们的学习观察，表达了自己内心真实的想法。

打满分的理由，有的是"我们这组的人都很棒，我们组的同学都爱动脑筋"，有的是"小组合作思考得很快，也会学到很多知识"，有的是"这节课非常有趣，而且不会的还可以讨论"等。其中有15位同学提到了合作学习的快乐。

扣10分以内的理由，有的是"我没有举手，我觉得说错会很尴尬"，有的是"椅子很滑，不舒服"，有的是"上课的时候太激动，忘了举手"等，这些理由背后，更多的是课堂的客观原因导致的"美中不足"。

四、调查分析与反思

（略）

（上海中医药大学附属浦东鹤沙学校　张叶婷）

张叶婷老师以课例研修参与者的身份，用旁观者的"他"视角，采取三种调查方法搜集证据，思考《数学广场——幻方》教学的得与失、优与劣，用详尽的描述对结果与结论一一道来，体现了实证研究的思想方法。

文中小曹同学的学习故事，给读者完整呈现了一位"慢学生"的学习历程。

作为课例研修伙伴，张老师做了一次课堂观察员，用笔详细记下小曹的学习过程。这个学习故事给读者以启发，这体现出教师教育写作的作用之一，即写作有助于同伴分享交流。

选择什么样的学生作为观察对象，凭借教师的经验不难，事实证明这不是难题。不同类型的学生、个性差异明显的学生，都有可观察、可分析研究的价值。课堂教学的成效从个别学生身上得到体现，推而广之对同类学生有启发借鉴意义，这是实证研究的效能体现。

就教育写作来说，教育案例的撰写与课例研究报告的撰写有着密不可分的关系。职初教师可以先学写教育案例，当作写作练笔，继而可以学着撰写课例研究报告，把细节描写的功力运用到课例研究报告中，循序渐进地提高教育写作水平。

过去十多年的教育案例研究中存在一个倾向，教育案例中较多的是教育学困生的故事，作者以"爱"来立意。这种写作思路有点狭窄。其实，教师还有教学故事可写。学做课例研究需要有会写教育故事的基础。把教学故事写成文章，供同行分享交流，是可以做到的。

着手把他人还没有注意到的、不擅长的教学案例写出来，不仅是研究视野的开拓，还有"文似看山不喜平"的新意迭起。

课后访谈的调查很容易做，就像张叶婷老师第一次尝试，就非常不错。张老师先观察到小曹同学的学习表现，进而对小曹做课后访谈。有了课堂观察分析，再用访谈佐证教师的判断是否属实，构成了双重证据的互证。

做过观察员的教师知道，观察到的教学表象是否真实可信，需要打一个问号。有时真，有时假，还有可能是半真半假。怎么办呢？做一次课后访谈，就可以把看到的表象与内里的实质挂起钩来。或者是真，或者是假，都有了后续研究的补充说明。

有专家说课堂犹如一个"黑箱"，如何打开课堂黑箱，我们目前所做的研究还远远不够。

行动研究需要搜集证据。不能只以执教者的主观判断为证据。课例研究（含课例研修活动）可以用，也必须用不同证据予以互证，使证据链形成多环闭合，可信度会更高。

有专家希望教师做大数据的调查研究，我觉得不妥。用大数据作调查还是用"小数据"作问卷调查，需要考虑教师的职业特点。教师的工作主要局限于自己的学校，要面向其他学校的教师同行作问卷调查，条件有限，可行性不够。

我们已经完成的那些"小数据"调查，针对一个班级的全体学生，可行而且有效。对一线教师来说，作大数据分析，既无必要也不可能。专家不了解教师的实际状态，非要作大数据调查，有点一厢情愿了。

针对一个班级作问卷调查，用调查数据作分析，已经被众多教师尝试，效果很好，它也是一种量化研究。这种量化分析与课堂观察、课后访谈的质性研究形成互补互证，使行动研究的科学性有了很大提升。

在阅读教师的论文时，我常常为教师的论文证据不足及证据意识淡薄而遗憾。通过研究分析，我发现教师不是受制于能力不足而不作为，而是受制于原有观念的束缚而不知道如何作为。也有的教师是视野不开阔，不知道还有这种研究方法。这告诉我们，教师的研究与写作尚有较大的提升空间。

张叶婷老师是第一次学做课例研究，也是第一次学做课堂观察、课后访谈，却显现出了不同凡响的结果。我被她（包括好多第一次学做调查研究的教师）震撼了。观念的落后束缚了教师的行动，一旦观念得到解放，心智模式获得优化，教师会收获丰硕的成果。如何转变教师的观念、打开教师的视野，是在行动研究中逐步改变、升华的慢过程。这不是靠听报告、讲座就能实现的，需要教师在实践研究中获得新知。有事实证据给以醍醐灌顶的棒喝，教师才可能清醒。

我常常对教师说："你们都很聪明，只是需要用心学习，多阅读、多思考、多实践，然后多写作。"张老师参加学区组织的研修班，阅读过《走向实证——给教师的教科研建议》等书籍，还有诸多专家学者的时文新论，眼界打开了，用理论滋养实践，因此开出实践之花。

追寻教学变革　实现课堂转型
——《数学广场——幻方》课例研修启示录

2024 年 11 月 21 日下午，上海中医药大学附属浦东鹤沙学校的顾桑爽老师执教了一节公开课《数学广场——幻方》，教学实验的对象是顾老师任班主任的鹤沙学校小学部二（6）班学生。鹤沙学校属于航头学区，系市郊农村学校。航头学区教师研修班的伙伴们走进了顾老师的课堂，他们在黄建初老师的指导下以学习共同体成员身份体验了一次课堂观察与分析，与顾老师合作完成了课例研究和课堂观察。

一、课例研修概述

事情可追溯到 2024 年 10 月 30 日的培训，研修班指导教师黄建初老师给全体学员作了"新课标新教材，教师如何做教学研究"的报告，结束时提出下一次培训活动准备走进课堂做研究，问"谁愿意开课"，顾老师主动承担任务。于是，黄老师在活动结束后与顾老师，还有鹤沙学校的张叶婷老师，简单说了课例研究的程序以及执教者与观察员的任务，事情就定了下来。

顾老师开始了备课准备。首先是选课，她选择了二年级《数学广场——幻方》，这节课与其他数学知识的关联不大，可以单独成篇执教。其次是撰写教案，她完成教案初稿，经黄老师研读以后被告知"可以试教了"。11 月 18 日（周一）上午，顾老师借了二（1）班试教。课后，在场的五位教师就试教课的得失与改进，进行了比较充分的讨论。11 月 21 日正式举行展研课，有 12 位教师作为学习共同体伙伴进行课堂观察。开课和课后研讨用了大约三个小时，每一位观察员都作了课堂观察与分析的交流。

在黄老师心中，对这节课的研究主题是有思考的。新课标新教材已经推出，新教法正在探索中。教师面对的新问题多多，航头学校朱校长交给黄老师一项任务：让教学变革在课堂里真正发生。这与黄老师的想法不谋而合。2024年春，黄老师在另一所小学做过一次课例研修活动，既获得了成功经验，也发现了问题。航头学区开展课例研究，正好可以把成功经验放到新环境中试试，验证经验的可靠性，对需要修正的问题做实验，看看改进课的效果如何。

自2022年新课标提出核心素养教育以来，教师参与国培、市培、区培活动很多，一旦落到学校层面，如何开展基于实际问题解决的校本研修还有很大的研究空间。钟启泉教授提出课堂转型，佐藤学教授认为教学变革是21世纪最大的课题，新课标提出立德树人，朱校长希望课堂不只由教师掌控，更要研究如何让学生安静、安心、安全地学习。

学生是需要教师关注的重要教改因素，教改成功与否很大程度上依赖教师把新课标、新思想、新观念转化为手中的本领，改变教育观念，尤其重要的是改变学生观。师生关系在教学相长中变得更和谐，教师在因材施教中研究学生如何学习，或许就是问题解决的思路、通道。"授之以鱼不如授之以渔"，道理大家都懂，怎么做需要在实践研究与创新中求解。

黄老师在报告中提出教学研究"三靶点"的结论，即教学目标的设定、学习活动的组织、教学效果的评估。这条经验来自另一所学校道法课教师祝老师的课例研究结论。这个结论是否可靠，能否推广，需要做验证性实验。

通过对展研课的观察与分析，所有观察员老师一致认为，顾老师《数学广场——幻方》的课例研究很有意义，学生在课上是全身心投入学习的，学习真的发生了。学生对小组合作学习和"做中学"十分赞同，参与度很高，几乎没有游离于学习之外的学生。顾老师的教学目标设计是合理的，教学过程的达成度高。实践证明，教学目标的设定、学习活动的组织、教学效果的评估是值得开展教学研究的"三靶点"，可以作为经验向其他教师辐射推广。

二、教学目标的设定——定向

黄老师对教学目标的研究由来已久，早在20世纪80年代做教师时就已经开始了。20世纪90年代当教研员时，他曾经撰写文章阐述"教学目标是一节课的灵魂"的观点。新课标推出以来，他在参加小学语文课《母鸡》的课例研究中，发现了教学目标设计滞后，仍然停留在三维目标，没有体现素养目标的要求。一位资深校长指出教学目标设定的重要性，对黄老师的思考极具启发。

顾老师设计的教学目标初稿是：（1）对幻方有初步了解，知道幻方每行、每列、每条对角线和相等。三阶幻方有三行三列，每行、每列及每条对角线和为15，中心数是5，双数在角上，相对5的两个端点数之和为10。（2）能根据幻方的规律来判断幻方，并能将不完整的幻方填写完整。（3）了解数学知识背后的文化，激发对数学学习的热情。

这份教学目标存在的问题是什么？可以用崔允漷教授的论述作为理论视角检验。崔教授指出：新课程要从"三维目标"走向"核心素养"。事实上，20多年前，三维目标就是里程碑式的进步，但在实施过程中出现了问题。第一，20多年前我们就没有讲清楚三维目标是一个整体。三维目标是什么？知识与技能（"双基"）、过程与方法、情感态度与价值观。一线老师一操作，有些专家一操作，就变成三条或三类目标。第二，三维目标从逻辑上不是一个层面，知识与技能、过程与方法、情感态度与价值观都像是举例说明。所以，我们这次提出了核心素养这个概念。（崔允漷《新教学"新"在哪里》）

由此他提出：目标叙写也需要一定的技术规范，不然一个好的目标如果无法评价的话，那该目标是毫无意义的。新目标叙写应该采取"经历（过程）—习得（结果）—形成（表现）"的句法结构。[崔允漷《"三问"法推进核心素养在教学目标中得到落实（二）》，《中国教师报》2023年1月19日]

黄老师在培训中引用了崔教授的观点，给顾老师启迪。于是，她在修改教学目标时反复阅读领会崔教授的话语，最后形成了新一稿（展研课）教学目标：（1）经历对和为15的幻方的探索，对幻方有初步了解，知道幻方每行、每列、每条对角线上的三数之和相等，且中心数是5，双数在角上，相对5的两个端点数之和为10，培养学生发现规律的能力。（2）经历探究幻方规律的过程，尝试设计中心数为6的幻方，培养推理、迁移知识的能力。

　　这份修改稿集中了试教课现场的五位教师的集体智慧，基于试教课的问题对初稿作了改进。新设计的教学目标既要具体，是可以操作的，也要考虑教学评价，是可以用评价来检验的。

　　凌宗伟老师认为："教学评"一致性要求进一步强调教学、学习和评价三者之间的紧密联系，也就是所谓的一体化。教学活动设计要能够支持学生的学习，而评价则应该用来检验学习成果，并为教学提供反馈，这些都应该指向课堂教学目标。也就是说，"教学评"一致性要求教师在设计与实施教学时，不仅要关注教学内容和方法，还要考虑如何通过评价来促进学生的学习和自身的教学改进。"教学评"一致性要求以清晰的学习目标为前提和核心。

　　从这节课的研究可以得出结论："依标而行"乃是教学设计的第一要务。教师在设计教学目标时，需要有阅读学习学科课程标准的领悟在前，而后结合教学内容寻找可以与学科核心素养勾连的地方，或正确价值观，或必备品格，或关键能力。教师还需要重视教学目标的设定，因为这是给课堂教学定向；并将教学目标与学生学习活动的设计、教学评估的设计挂钩，在教学之前就要想明白、说清楚，最后做出来。

三、学习活动的组织——关键

　　从顾老师的教学过程设计，可以看到展研课的学习活动组织。这节课进行了全程录像，保存了回溯研究的可能性。在这篇文章里回放教学过程既无必要，也不可能，但是从两份教学设计书留下的文字，还是能够进行一些分析的。

展研课的教学流程概要：

一是创设情境，激趣引入。

二是巧设疑惑，探究新知。

（1）认识九宫格上的数；（2）了解幻方的行、列、对角线上数字的摆放；（3）利用行、列、对角线数字之和相等的规律判断幻方；（4）探究幻方其余的规律。

三是内化新知，巧妙应用。

填一填：小猪佩奇的朋友们带来了一些幻方，请你们将幻方填写完整。判断：它是幻方吗？为什么？设计：利用规律，设计一个幻方。拓展：（1）挑战和为12的幻方。（2）迁移规律：当中心数为6时，请你设计一个幻方。

四是总结提炼，评价激励。

（1）今天你有什么新的收获？观看微课，了解多种幻方。（2）学生对照学习任务单中的"四阶标准"，将贴纸贴在自己所处的阶梯处。

如果把活动一和活动二合并，这节课的学习活动就是三个大环节。所谓的"创设情境，激趣引入"，大都成为一种摆设，做做样子给评课者看。对学生来说，如果与后面的学习活动没有必然联系，有没有都不要紧，可以删减。

从顾老师给学生人手一张的"学习任务单"（见下页）来看，三项学习活动很清晰：一是认识幻方，二是验证幻方，三是知识迁移。在知识迁移中，学生需要完成两项任务：在空白的九宫格上面填写数字，完成填空；完成自我评估。学习活动的组织非常清晰有序。

这份学习任务单对于学生投入学习，乃至深度学习是很有意义的设计。

《数学广场——幻方》学习任务单

姓名 _____ 班级 _____

1. 认识幻方

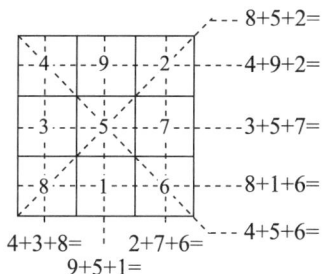

- 8+5+2=
- 4+9+2=
- 3+5+7=
- 8+1+6=
- 4+5+6=
- 4+3+8=
- 2+7+6=
- 9+5+1=

2. 验证幻方

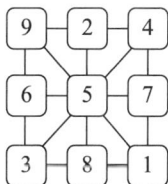（　　）

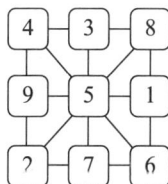（　　）

3. 知识迁移

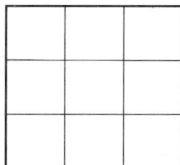

评估	
1. 对幻方有初步的了解，知道幻方的规律。	（　　）
2. 能根据幻方规律来判断幻方。	（　　）
3. 能根据规律将不完整的幻方填写完整。	（　　）
4. 能通过知识迁移，设计中心数为6的幻方。	（　　）

对教材的安排，顾老师没有受其制约，而是进行了"二度开发"。课本上的学习环节4是填数字游戏，没有体现冲刺挑战性学习的思想。习题思维难度降低，不利于学生学习品质的提高。

顾老师修改成中心数为4的三阶幻方，进入新情境，与学生共同探索。以下是此教学环节的实录。

师：请同学们观察黑板上的幻方和我们刚才学的幻方有什么不一样的地方。

槙馨：中间不是5。

师：中间数变成了什么？

全体：4。

师：真棒。当中心数为4的时候，它不是和为15的幻方了，它是一个……

全体：和为14的幻方。（错误回答）

师：（纠正）和为12的幻方，也就是说每行、每列、每条对角线上的三个数之和均为12。知道了这个规律之后，你能不能来摘一摘星星？

诗雨：蓝色的是8。

如屹：黄色的那颗是2。

师：黄色的这一颗是2，你们同意吗？

全体：不同意。

师：和为12，黄色的这一颗应该是几？逸凡。

逸凡：0。

师：非常棒，应该是0，8+4+0。好，继续，子墨。

子墨：0旁边的是6。

……

师：当我们发现中心数变为4之后，这个和为12的幻方，它的数字组成也不再是1—9了，而是——

全体：0—8。

师：就是由 0—8 组成的这 9 个不重复的数字。

顾老师让学生以 4 为幻方的中心数来构建一个新幻方，创设了一个新情境，并且需要学生在活动中挑战自己的思维和能力。这项设计在教材上是没有的。因为中心数为 4 的幻方，其他 8 个数字是 0—8，不是 1—9，它的和是 12。这样的教学设计是对教材做校本化开发的举措。

四、教学效果的评估——检验

"教学评"一致性是新课标实施核心素养教育中的重要一环。新课标强调落实因材施教，倡导基于证据的评价，提升考试评价质量。全面推进基于核心素养的考试评价与课程标准、教学的一致性，促进"教学评"有机衔接。对教师来说，需要在课堂教学中探索"教学评"一致的可行性和有效性。

试教课设计了五星等级的评价表。用自评和互评确定学习的等第区别。这样的评价表及其方式，在许多课堂里都能看到。

内容	自评	互评
认真听讲，能倾听同学的回答，积极举手发言。	☆ ☆ ☆ ☆ ☆	☆ ☆ ☆ ☆ ☆
善于合作，能和伙伴分享、交流自己的想法。	☆ ☆ ☆ ☆ ☆	☆ ☆ ☆ ☆ ☆
掌握知识，课堂练习完成正确。	☆ ☆ ☆ ☆ ☆	☆ ☆ ☆ ☆ ☆

黄老师给顾老师提供了借鉴。

凌宗伟老师在研究课《曹刿论战》教学中创新了评价方法，用评估代替评价，得到其他教师的拍手称好。教师告诉学生，对照成功标准，自己确定已经达到了什么层级的学习。（参见徐思源《"教—学—评一致"的实践——一个教学案例的启示》，"凤凰大语文"2024 年 8 月 14 日）

凌宗伟的《曹刿论战》教学设计了三项学习任务，需要学生对标"成功标准"自我评估学习效果。难能可贵的是，凌老师出示的评价量表是教师设计、提供给学生的，而后学生在教师指导下主动建构了另外两个成功标准。

在徐思源老师看来，这节课的步步推进，每一个动作都体现了凌老师的教育理念。从"教学评"一致性的角度来看，是非常成功的。教学目标的设定，是教学过程中的重头，整堂课的教学活动，包括教学内容的选择与确定、学习任务的设计与完成、评价标准的制定和操作等，都围绕目标进行。而评价量表，则为学习任务的完成确定了具体的标准和操作路径，明确而实用。这两方面配合，就使得"教学评"一致性得到了落实，学生对这堂课要学什么、学到什么程度、如何去学都了然于心，落实于行。如此，才成就了教学的有效。

参照凌老师的经验，顾老师重新设计的学习评价，用评估取代了评价，用四级阶梯式评估代替了五星级评价。

评估		
1. 对幻方有初步的了解，知道幻方的规律。	（	）
2. 能根据幻方规律来判断幻方。	（	）
3. 能根据规律将不完整的幻方填写完整。	（	）
4. 能通过知识迁移，设计中心数为6的幻方。	（	）

实施的结果如何，值得研究总结。黄老师作为观察员观察了二（6）班第八小组的学习评估进阶活动。四位学生有两位把贴纸贴在第三阶梯，一位学生贴在第二阶梯上，还有一位学生贴在第一和第二阶梯中间。这和黄老师的观察判断相一致，可见学生是有评估自己学习进阶程度的能力的，很客观。

为什么没有学生贴在第四阶梯？由于时间的原因，教学没有进行到设计中心数为6的流程，所以顾老师告诉学生不用看第四阶梯的评估。

学习评估的意义在于提供反馈机制。

以目标为导向的反馈有助于学生理解所学内容，并将学习目标内化为个人的学习动机。这样的反馈不仅能帮助学生识别自己的不足，还能够看到自己的进步和成功，这对于维持学习动力和建立自信心是非常重要的。

反馈的重要目的是增强学生的自主学习能力。在这一过程中，教师通过具体的反馈帮助学生认识到自己的学习状态，而学生则通过自我评估来调整学习策略和行为。这种互动不仅帮助学生了解自己的进步，还激发他们内在的学习动力，从而促进他们成为更加独立的学习者。

五、结语：经验和启示

1. 理论视角与实践经验的融通是课例研修的前提

此次课例研修，既有来自对佐藤学、钟启泉教授的理论文献的阅读学习、内化和运用，也有对凌宗伟等老师实践经验的习得与吸收。以往的研究过分强调理论文献的重要性，缺失实践经验的支持就不均衡，有跛脚行路之感。

在开展此次课例研修活动中，黄老师提供了理论文献数篇，如顾泠沅的《两种教学方式与教学任务变革》，冯阳、王荣生的《从关注"小组"形式转向重视"互动"本质——对"合作学习"内涵的再思考》，陈静静、谈杨的《课堂的困境与变革：从浅表学习到深度学习——基于对中小学生真实学习历程的长期考察》。

开展任何一项教改实验活动都需要文献研究的奠基。但不能局限于理论文献，还要学会吸收教学前辈和兄弟学校的实践经验，循着先行者的脚步前行，少走弯路。

2. 假设与验证的技术路线提高了研修质量

顾老师的《数学广场——幻方》课例研修是有假设的，也是对另一所小学祝老师道法课课例研修成果的验证性实验。

行动研究需要融入实验思想，假设与验证的思想有助于课例研究不偏离正确的预设轨道。刘良华教授认为："所谓的行动研究，它不过是实验研究的变式和变形。它的前身是实验研究，它的身份乃是准实验研究。也因此，中小学教师如果真愿意做行动研究，就需要先做实验研究，然后以叙事的方式提交行动研究报告。由此可以得出一个结论：出色的行动研究报告总是接近或类似实验研究报告。维护和拯救行动研究地位的唯一途径是：把行动研究做成准实验研究。如果不拿出做实验研究的精神，就不会发生真实的行动研究。"（《教师研究与专家研究的大同小异》）

3. 教学效果的评估形成了课例研修的闭环

课例研究在基层学校很多。课例研修活动的开展常常有活动、无文章。这次课例研修活动，我们特别关注以写作总结研究成果。课例研修成效通过写作得到验证。"三靶点二反思一写作"，是这次课例研修的结论，堪称航头学区的本土化经验。

参与课例研修的教师撰写了课堂观察与分析，如璩婉莹的《学做课堂观察员》、黄彬的《学习设计何以成为学生深度学习的推进器》、张叶婷的《如何开展以协同和探究为核心的教学变革——〈数学广场——幻方〉的课后调查与分析》，顾桑爽老师作为执教者撰写了课例研究报告《核心素养导向下以"学"为中心的课例研究》。

《数学广场——幻方》课例研修的结论，可以推广，可以再验证。这就是行动研究需要做两轮以上的实践验证。

"新课标何以落地——小学《数学广场——幻方》课例研究与课堂观察"教学研究活动告诉我们，每一个教师都能够在国家课程的校本化开发方面有所作为。也就是把国家课程通过教师的再设计、再实施，变成种在课上，进而落在学生身上的核心素养。

（上海中医药大学附属浦东鹤沙学校　顾桑爽）

（上海市浦东教育发展研究院　黄建初）

建议

一、教师、学生和观察员共同创造教学细节

课例报告中的细节，可能是决定成败的关键。

我们现在所看到的质量比较高的课例报告，都有教学细节、学生学习细节的呈现。如果没有细节的呈现，就会缺少课例报告机理、纹理的细致入微。一如那些聚焦于"应然"研究的报告，看似面面俱到，说话滴水不漏，然而仔细分析，可能存在话语的精致而本质的平庸。

细节的呈现往往由课堂观察员教师通过系统观察完成。这些学习观察与分析给执教者提供了没有观察员就不知道的细节。特别是那些孩子学习的表象与质里相差十分大的事实，让执教者在教后有深刻的反思。

新课标颁布以后，学界认识到了教研活动和教师教育的重要性，至于以什么为抓手，我们还有很多盲点。新课标提出了很多新概念，这些概念可能还只是政策性概念。经过专家的诠释，政策性概念转化为学术性概念。专家对学术性概念作了反复诠释，互相抄袭也不在少数，显示了某些"精致的平庸"。政策性概念和学术性概念需要再次转化，变成实践性概念。实践性概念以课堂真实生成的教学实例故事为载体，呈现出实效性和可能性，彰显出情景性与本土化的魅力。

对广大教师而言，一方面需要创造出"自己的精彩课例"，诠释课例报告的实证性研究特征；另一方面也需要学习他人的实践经验，借鉴已经得到验证的课例报告成果，让真理发扬光大，在传播中力争有更多的课例报告百花齐放。

二、课堂应赋予学生更多的选择权

陈静静老师的研究课《佐贺的超级阿嬷》有一个细节：

陈老师是借班上课的，走进教室和学生进行了课桌椅的调整以后，她说："今天你可以选择和自己喜欢的同学坐在一起。"学生惊讶地问："是真的吗？"她肯定地说"是的"。于是，学生纷纷寻找好朋友一起坐。

让学生自己选择座位和学习伙伴，看似无心之举，其实背后隐藏着陈老师的教育哲学。

佐藤学教授践行学习共同体教改的三条教育哲学是：公共性、民主主义和卓越性。他认为，在以民主主义的原理组织起来的学校中，每一个儿童、教师与家长都是承担着各自固有功能与责任、参与学校运营的"主人公"。

很多教师初次实施教改，就会碰到小组合作学习要不要设立小组长的纠结。佐藤学教授明确反对设立小组长。这其实是两种文化背后的价值观不同的表现。主张民主主义的教育观，倡导安静、安心、安全的教育环境的创设，让学生获得充分的学习权。而主张"控课""控班"的教育观，把教育置于一种压力、外力的掌控之中，对没有了小组长会感到无所适从。

价值文化的营造，触及教师的教育观、学生观和哲学观，这不是一蹴而就的行为改变，而是需要慢慢练就的思想观念。

第 七 章

实践创新

——如何撰写叙事的行动研究报告

一、教师撰写研究报告的叙说文体辨析

如何在研究素材积累的基础上撰写出一份研究报告，对教师来说是一件有点困难的事情。

举例来说，一位幼儿园科研主任发给我一份研究报告，希望我给出修改意见。这份报告洋洋洒洒约 2.5 万字。初看不错，仔细分析，可以探讨。这种报告的基本结构是：（1）问题的提出；（2）研究的目的和方法；（3）研究的内容和过程；（4）结果与思考。这是学界比较认同的综合性研究报告的体例。这样的研究报告因为见多所以不怪了，却难以承载教师研究的丰富与生动。我在指导教师学做研究时，发现这种体例的研究报告不太适合教师。由于这种研究报告是学界推崇的，已经被主流媒体推崇，所以教师只是模仿着写，一如那位幼儿园科研主任碰到的难题。

有没有一种研究报告既留有学界推崇的研究报告的要素，又使教师撰写时不觉得很困难，并且对原有的研究报告体例起到丰富和补充的作用？应该是有的。刘良华教授认为：教师可以做调查研究和实验研究，以叙事的方式

提交行动研究报告。(《教师研究与专家研究的大同小异》)

与其削足适履，不如另辟蹊径，我从实践中感到需要寻找适合的方式方法撰写研究报告。叙事的行动研究报告怎么写，成为我一直关注的问题。

二、胡所长的经验

大概在 2006 年，我邀请时任上海市教科院普教所的胡兴宏所长来南汇区给学校科研主任作报告，关于研究报告的撰写他举了一个亲身经历的例子。一所市区的小学做了一个"小学开展综合探究活动实践的研究"的课题。原本所列的报告提纲中规中矩，但是课题组觉得难以承载学校的经验。胡所长一边听校长介绍研究的过程，一边随手拟了一个颇具个性的研究报告提纲：(1) 走出综合探究活动的第一步；(2) 让学生带动教师；(3) 让探究走进课堂；(4) 让家长成为资源；(5) 一个学生带动一个班级；(6) 一个课题培育一批教师；(7) 我们现在的思考。

这份提纲以研究的过程为主线，是一个与研究过程同步的叙事式报告。胡所长的经验打开了我的思路。胡所长坦言，最后那所小学没有用他的提纲，没有用叙事的研究报告作结题报告和参加评奖。为什么？校长考虑到主流评价标准的盛行，担心个性化的报告不被专家认同，影响评奖的等第，难以给教师一个交代。

到 2010 年，我阅读刘良华教授的文章《教师研究与专家研究的大同小异》后知道，胡所长拟就的提纲其实就是一份叙事的行动研究报告。

三、刘教授的观点

刘良华教授的论述对我们极具启发意义。他说道：

对中小学教师而言，所谓实验研究，就是在自己的课堂或班级发起一场个人化的教育改革。如果教育实验被理解为"准实验"而不是在实验室操办的严格控制与测量比较的科学实验，那么，教育实验与教育改革几乎是可以互换的名词。将教育实验与教育改革连接思考的效益在于：以教育改革为教育实验的核心精神。教育实验的核心精神就是面对真实的教育问题，引发真实的教育变革。没有教育变革就没有教育实验。唯一不同的地方在于：教育实验不仅引起某种教育变革，同时它也关注这种教育变革引发的"影响"或"后果""效果"。

为了说明教育实验或教育变革的影响或效果，实验研究不仅强调教育改革（教育变革），而且强调这种教育改革所引发的教育效果必须是"可测量"的。研究者可以通过某种"问卷"（或考试试卷）的方式寻找实验前的成绩和实验后的成绩的变化。将实验前的成绩（前测）与实验后的成绩（后测）进行比较，就可以发现实验研究的影响或效果。

如果这种教育变革的影响不可以测量，那么，它至少是可以言说的（听其言）。研究者可以通过"访谈"的方式收集实验前和实验后的变化。如果这种教育影响不是可以言说的，至少是可以观察的，研究者可以通过观察来收集材料（观其行）。（《教师研究与专家研究的大同小异》）

用刘教授的观点对照如今见到的研究报告，把研究做成笼而统之的教改工作，把工作看作研究的现象非常多见。

例析

一、关于"独立作业"的研究——数学老师的行动研究报告

我很认同胡所长和刘教授的观点，希望有机会在实践中尝试一下，看看

能否得到验证。

计华洁是一位教高中数学的青年女教师，因为报名参加了浦东新区的青年科研骨干培训而走进我的视线。她正好编入我的小组，我作为科研员负责该小组十位教师的课题研究指导。那天小组学员和我们两位指导老师（另一位是张娜博士）第一次举行面授式指导活动，我挨个让老师说说自己的选题。轮到计老师了，她说："我的课题已经做完了。"我一愣，问道："那你来参加培训干什么？"她说："我来学习怎样撰写研究报告。"我说："研究报告的样式不是已经发参考书给你们了吗？"她说："我不会写。"

经验告诉我，不会写研究报告的何止计老师一人！

我请计老师先把研究过程原原本本地写出来，她答应了。接下来，我和计老师对这篇叙事的行动研究报告进行了多次修改完善，最终完成了。这个修改过程对计老师来说刻骨铭心。她感慨道：

事实上，对于我们一线教师来说，手头最多的就是鲜活的例子，但对于像我这样刚开始接触教育科研，又是理科出身的老师来说，要用规范的研究报告的方式将自己的行动研究写出来，确实不易。这就像守着一座金山却不知如何挖掘。

黄老师给了我一个建议。于是，我改变了文体。我的第一感觉是，写起来顺手多了。几年来我实施独立作业法的过程，点点滴滴犹如放电影般在我眼前浮现，而且源源不断。写着写着我开心地笑了，写着写着我又陷入了沉思。

文笔虽然不够老练，文采亦无从谈起，但感情却能真实流露。这使我深深地感到，适合自己的才是最好的。

计老师的这份研究报告后来在浦东新区评奖活动中得到了评委的肯定。我在外出讲课时也常常以此为例，阐述如何撰写叙事的行动研究报告，并且就"叙事""行动研究"等关键词专门阐述。

计老师定稿后的研究报告全文如下：

高中数学实施"独立作业法"的行动研究

作业是教学的重要环节，学生通过作业巩固所学的知识，老师通过批改作业了解学生的掌握情况。但是，作业也是一把双刃剑，处理不好，就会变成老师最容易"失控"的一个环节。说来惭愧，意识到这一点，已经是我工作几年后的事了。

一、非独立之痛

2006年，我作为班主任接了一个政治班高三（11）班。数学可能是文科生最害怕的科目。或许就是这个原因，我们学校通常会安排数学老师担任文科班的班主任。接班之前我就知道这个班有很多"名人"：小学开始就能在报刊上发表文章的徐某，上海市古诗文大赛中为校争光的姚某，英语演讲比赛三连冠的黄某，当然还有一上数学课就昏昏欲睡的最后一排男生。讲到这里，这个班的特点已经呼之欲出了。

不出所料，第一次阶段考试，这个班语文年级第一，英语年级第一，数学也是年级"第一"。相信大家也猜到了，此处引号表示反语。作为他们的班主任兼数学老师，着实脸上无光。

怎么办？批评？不行。通常文科好的学生会很敏感，老师稍微用词不当，效果则适得其反。不批评？面对他们恐怖的低分以及更为恐怖的他们面对低分时的"淡定"，我实在压不住内心的怒火。两难之时，校团委马老师进来了。"计老师，给，你们班的奖状。""什么比赛？""校辩论赛，冠军。"辩论，对呀，我突然想到：他们不是很能说吗？要不让他们自己说说吧。

在接下来的班会课上，我一反常态，大肆表扬了他们在语文和英语上的骄人成绩，对于"重灾区"的数学成绩只字未提。这招果然奏效，习惯了挨批的他们反而很不适应，原本趴在桌上的同学抬起头，我看看你，你看看我，仿佛在等待什么。一方面，我暗自好笑，另一方面，我又装作毫不知情地继续讲道："相信大家都很向往天高任鸟飞的大学生活，真想知道，明年的今天，我们这些才华横溢的同学，会在哪个大学的校园里呢。"话音刚落，有个很小却很刺耳的声音传来，"家里蹲大学"。全班一片哗然，更有"居心不良"者抱着看好戏的态度观察着我的反应。事实上，我非但不生气，反而看到了希望。"×××，你为什么这么说？是对自己没信心还是对同学没信心？"我点了那位同学的名字。"老师，我说实话而已，我们数学那么差，考大学，有希望吗？"我看时候差不多了，该抛个问题让他们自己去发挥了。于是我走下讲台，斜靠在一位同学的桌子边，拉家常似的说："我也觉得蛮奇怪的，你们那么聪明，语文和英语都学得好，数学怎么就过不去呢？你们平时上数学课、做数学作业时是怎么想的呀？好多题目我们都讲过呀，怎么考试还是错呢？"

"老师，你讲了那么多题目，每道题你都说很重要，我们哪记得了这么多？"

"要是每天都把当天的问题解决，也不多啊？"我装出一副很无辜的样子，弱弱地问了一句，没想到一石激起千层浪。

"做作业还来不及呢！"

"是呀，那么多试卷，我每次只做会做的，不会的没时间想，更没时间问，就永远不会了。"

这些孩子只要开始说，绝不会给别人留多少面子。虽然他们说得在理，但感觉问题都在我身上，难道他们自己没有任何问题？我且耐着性子继续往下听。接下来的发言有点像爆料了。

"睡神，你别说没时间。你每次做作业都听动感101（上海音乐电台），一首歌倒是会唱了，题目在讲什么还没看懂呢！自己效率低不说。"

"说我，你也好不到哪里去，你每次打电话跟我讲题目，都是废话连篇，浪费我时间。"

他俩的对话显然引起了更多同学的共鸣，此时教室里已经热闹得不行了。有说别人的，也有说自己的，但都不约而同地提到了作业环节，可见，作业这把双刃剑把他们"伤"得不轻。

二、他山之石

静下心来，我细细思考。

学英语需要多听、多练、多交流，写作文也需要不同的意见激发灵感。可能就是这个原因，他们在合作学习这方面做得很好。但是，遇到问题第一时间问别人，解决了问题第一时间到别人那儿寻求佐证，这可不是学习数学的好方法。众所周知，数学是一门需要独立思考和严密逻辑推理的学科。从他们的发言中不难看出，不良的作业习惯、缺乏独立思考的意识和内外环境都是导致他们数学学习出现困难的主要原因。

针对这些问题，我决定从两个方面着手。首先，减少作业量，给学生思考和提问的时间。其次，培养学生独立思考的习惯。可是，如何精简作业？又通过什么途径来培养习惯呢？我不断思考，也仔细观察其他老师的做法。

有一次开学，我们照例要大扫除，老师们都扔了好多试卷，我突然发现我们办公室的叶老师扔的试卷有不少是学生没做过的。我就很纳闷，因为叶老师所教班级的数学成绩一直不错，而且不断进步。当时题海战术盛行，他的班级比我们少做十几张卷子，怎么可能考试成绩还比我们好呢？于是我向叶老师提出了我的疑问。叶老师笑呵呵地说："你别看我扔了很多卷子，但有价值的题目，我不会比你们少做。"原来叶老师早就发现过多的作业量，让学生疲于应付，抄作业等现象也越来越严重。所以他没让学生做这些试卷，而是把他觉得有价值的题目记录下来，在习题课上让学生当堂完成，称之为独立作业。

听完叶老师的话，我觉得这跟我想以作业为突破口，培养学生的学习习惯，提高学生的学习质量不谋而合。于是，我决定也来实施我的"独立作业法"。针对我们班的实际情况，一方面，我要求学生：做作业时独立思考——解决能解决的问题，将不能解决的问题做好记录——听老师分析（或与同学探讨）——再次独立思考并解决问题——找出自己开始不能解题的原因，做好记录；

另一方面，我要求自己：根据学生家庭作业（巩固当天复习的知识）的反馈，精简每周的综合练习（从两天一份减为一周两份，一份当堂完成，一份周末完成），给学生思考、提问的时间，也节省课堂分析的时间。利用这部分时间，我再根据综合练习中的问题和本阶段复习的重点、难点设计独立作业，使学生的练习和教师的讲评更有针对性。通过向效率要成绩替代以前向时间精力要分数。

三、小试牛刀

几次尝试之后，我决定采用一周一次，每次一课时，固定时间的形式完成独立作业。

为了达到事半功倍的效果，我精心设计每个环节。

首先，设计独立作业的专用练习本。第一页，学生登记每次作业的时间、原始成绩、订正成绩。如下图：

独立作业成绩记录		
日期	原始成绩	订正成绩

阶段性考试成绩记录		
	日期	成绩
摸底考试		
阶段考试		
期中考试		
联考		

第二页开始格式如下图：

订正区	习题区
	知识整理区

第二页的一页三区域的设计，希望学生意识到订正与整理是完成作业不可分割的一部分。

作业内容以一次独立作业为例（本阶段开始复习集合与函数），以下是过程记录。

作业内容	例题		说明
本阶段学生错误率较高的问题（设计4～5题）	例如： 设 $A=\{1,\ a,\ b\}$，$B=\{a,\ a^2,\ ab\}$，且 $A=B$，求实数 a，b 的值。	强化问题： 集合 $\{2a,\ a^2-a\}$ 中，实数 a 的取值范围是_____。	例题是集合中的一道基本题型。考查学生两个集合相等的定义、二元方程组的解、集合的互异性。通过课堂观察和家庭作业的反馈，我发现前两个知识点学生掌握得很好，但第三个知识点，学生忽略的有30%以上，所以我把考查集合互异性的强化问题设计为这一阶段独立作业的第一题，起强调作用。
本阶段重点（基本内容和基本解题方法）、难点问题（设计5～6题）	例如： 1.用适当的符号（$\in$，$\subseteq$，$\supseteq$，$\subset$，$\supset$）填空。 $\varnothing$___$\{0\}$，0___$\varnothing$，$\varnothing$___$\{\varnothing\}$。 2.已知集合 $A=\{x|-2\leqslant x\leqslant 2\}$，若集合 $B=\{x|x\leqslant a\}$ 满足 $A\subseteq B$，则实数 a 的取值范围是_____。		两道例题有本阶段教学的基本内容，又有基本解题方法。例1考查元素与集合、集合与集合的关系。其中 $\varnothing$ 与 $\{\varnothing\}$ "颇具争议"。例2考查子集的概念，以及利用数形结合（数轴工具）解题的基本方法，这也是本阶段的难点。讲评时关于有无 "=" 作扩充；改编成条件与推出关系，再认识。举一反三。

作业内容	例题	说明
本阶段教学内容中的新题型（设计2题）	例如： 1. 定义 $f(x, y) = (y^2, 2y-x)$，若 $f(m, n) = (1, 2)$，$(m, n) =$ _____。 2. 规定 $a \times b = \begin{cases} a, & a \leq b \\ b, & a > b \end{cases}$，则方程 $\left\lvert \frac{1}{2}x-1 \right\rvert \times x = \left\lvert \frac{1}{2}x-1 \right\rvert$ 的解集是 _____。	此部分内容，一般每次设计两题。主要是平时看到的、想到的、改编的新题、好题、妙题。要求学生第一次看到不慌，仔细阅读，静心思考。所谓新题只是载体或背景比较新颖，考查的知识点万变不离其宗。所以一旦看懂题目（揭去华丽的外衣），问题也就迎刃而解了。

第一部分内容起"补救"作用。记得拿到这次的独立作业第一题，就有很多学生蒙了，甚至有同学问我是不是少条件。可见，题目设计正中要害。第二部分内容起"导学"作用，我希望在"以学定教"的同时可以"以教导学"。而新题型是考查学生的应变能力、知识迁移能力和自主学习能力。

其次，改变作业批改形式。为了引起学生的重视，激起他们的斗志，我力求改变传统的作业评价模式。不是给学生一个简单的"对""错"的判断，而是对学生的学习情况进行比较准确的量化判断。批改过程突出及时性、层次性、协商性和趣味性。及时性就是趁热打铁，我基本做到第一节课做，学生做完我马上批改并打出分数，有时会写上励志的评语。对做得好的同学我会写"你每次都能给我惊喜"，对犯了很多低级错误的同学我会写"今天你给我证明了你的上升空间有多大"或是画一张梦游的漫画。第二节课下课时及时发作业本，表扬做得好的学生。

作业订正，我强调先独立订正，学生自己能订正的甚至可以把分数加上去，同时我告诉学生这些就是上升的空间。不会订正的学生可以讨论，也可以在答疑时间提问。即便是订正填空题、选择题，都要写出完整的过程。这样做的理由是，只有学生知道错在哪里，才能真正把题目搞懂；只有能独立写出完整的解题过程，才能避免重蹈覆辙。严格的作业要求有利于培养学生严谨细致、精益求精的良好习惯和科学精神，并促进学生主动思考和深度思考。

作业的二次批改，曾经是我不屑一顾的，但现在却变成了我的规定动作。原因无他，以学定教。学生在二次订正中暴露出来的问题，正是影响学生数学学习质量的"根源性"问题，所以说对学生订正后的检查极其必要。独立作业的讲评，我采用答疑也就是学生笑称的"答记者问"的学习形式。经过学生的订正和同学之间的探讨，还不能解决的问题，一般我会在最后一节课还剩 15 分钟左右时开始处理。学生提出需要讲评哪一题，由老师讲评，一般最先讲的都是最具共性的问题。问题最少的学生解决后可自行离开教室，依此类推，最后留在教室的学生也是问题最多的学生，是本周老师最需关注的学生。这样既节约了学生的时间，又有很强的针对性，大大增强了有效性，很受学生欢迎。

有一位周同学，他是班中的另类。因为他的数学成绩很好，但英语成绩很差。每次我分析独立作业，他总是第一个举手问问题，问完之后他就自行离开，直接去找英语老师答疑，对他而言是把时间用在了刀刃上。另外有两位比较特殊的学生，一位是美术特长生，一位是体育特长生。他俩的数学基础太薄弱，最后离开教室的多数时候是他俩。当全班只有我们三人时，他们也无所顾忌，任何问题都敢问，听不懂的地方他们也敢直接表达。我们一起在黑板上解题，有时他俩还能互相指出问题所在，而这些问题其他同学是不会有的，平时他们怕被人耻笑，所以不敢问。用他们的话说，这时候他们学数学"最轻松"。后来他们都顺利地考上了上海师范大学本科，其中数学成绩的提高可以说起了举足轻重的作用。

四、初见成效

独立作业实施了一段时间后，我发现了一些有意思的现象。

原本自觉性最差的学生，在考试之前居然捧着独立作业本在复习。和他们聊天时，我得知他们每周复习数学时，首先就是把独立作业本中的订正区和知识整理区的内容看一遍。有些同学悄悄告诉我，他们已经有了自己的独立作业本。这回轮到我茫然了。了解之后我才知道，原来他们是把平时做错的题目汇总到一个本上，就是我们平时讲的纠错本，但是他们把纠错本也设计成一页三区域的形式，就是根据实际需要，改变了各区域的比例。可见授之以鱼不如授之以渔。

还有一次午休前，我把作业提前发了下去。发现许多同学开始埋头做题，教室里一下安静下来。过了一会儿，有声音传出："第五题是 –2 吗？"我竟然听到了"嘘"的答复，那个时间其实还没开始午休。看来独立思考的氛围已经初步形成。

教学的最终目的是使学生从"不会"到"学会"，最后达到"会学"。然"不言之教，无为之益，天下希及之"。所以，学生在学习方法上的点滴收获，都让我激动不已，更让我对独立作业的进一步实施坚定了信心。独立作业法也培养了学生独立思考、独立学习的习惯。叶圣陶先生说："教育是什么？往简单方面讲，只须一句话，就是要养成良好的习惯。"的确，良好的学习习惯带来了学习成绩的变化。经过一年的坚持，高三（11）班在高考中，不仅语文和英语成绩出色，数学成绩也列文科班首位。一年后，他们真的在自己向往的大学校园里大显身手。没想到，我原来一句动机不太纯的祝愿真能实现。

如今，这个班的学生还会经常回来看我，每次来都会提到独立作业本。有时还会对学弟学妹们的独立作业本评头论足："这个很认真，订正得很详细。""这个不行，订正哪能光写个答案？"看着他们煞有其事的样子，我忍不住问起他们当时对独立作业的感受。完成从摸底考数学 35 分到高考 128 分惊天大逆转的高同学说："其实，你一直叫我们不懂要问，但刚开始我不懂的太多了，根本不知道问什么，而且也不好意思问。后来你叫我们做独立作业，一次十几道题目，开始我有一半以上都不会做。讲评时你又逼我们问问题，不问还不让我们走（这里较夸张，与事实有出入），我就一道一道问呗。后来你记得吗，每次上完课，我马上就拿听不懂的题目问你。真的很神奇，后来，我会做的题目越来越多了。高考考这么高，我们全家都没想到，哈哈！"欢声笑语中，我体验到了从未有过的满足感，同时也深深感到，学习是学生自己的事，但教会学生如何学习，老师责无旁贷。

五、反思与讨论

独立作业法受到了学校领导的高度重视，校长室、研究室为了让这种"草根"方法能影响更多青年教师，特地请回了已经退休的叶老师，举办了"独立作业法研讨会"，我也有机会在学校"仰高论坛"中向全校教师汇报我的工作。现在，有越来越多的青年教师开始投入到独立作业法的实践中来。独立作业法之所以能得到大家的肯定，我觉得主要有以下几个原因。

首先，独立作业法体现了以学定教的思想。"以学定教"，1994年被提及，1997年作为一个比较完整的概念提出，至今以其强大的原则规范性和思想生命力促进课堂教学方式和学习方式的转变。无论是著名小学数学家邱学华的"尝试教学法"基本模式，还是江苏洋思中学提出的"先学后教，当堂训练"的教学模式，抑或是丁柏娟老师在《没教就会了怎么办：数学新授课学习目标的达成》一文中提出的问题和展现的教师智慧，都让我们看到很多研究者和课堂实践者在课堂教学环节中贯彻"以学定教"思想的不懈努力。这些实践的成功也让我们这些学习者跃跃欲试。独立作业法就是通过让学生独立做题和订正，暴露学习中的问题，让教师找到每个学生的最近发展区。

其次，独立作业法是为了改变当下学生在数学作业环节缺乏独立思考和深层次思考的习惯而设计的一种教学方法，有很强的针对性。比如二次订正环节，是在反复思考、运用中发现问题；知识整理是促进学生找到题目背后的数学原理，知其所以然，知道题目变形的背后意图，从题目与原理的联系中学会分析；最后的讲评是教师根据学生的学习情况，进行个别指导。

再次，独立作业法隐含着以教导学的目的。教师的"导"如何切实地为学生的"学"服务？第一，教师只有清楚、准确、及时地了解学生的问题所在，才能适时、有效地进行引导。独立作业的内容设计来源就是学生课堂表现、作业反馈中的问题：错误率较高的问题、重难点问题、新题型。三个层次的内容设计就是引导学生认识本阶段的基础知识、基本技能和重点、难点。第二，教师要注重运用好的方法引导，主要是在学生掌握学习方法和学习技巧方面进行引导。独立作业的页面设计就告诉学生，做作业的过程除了完成作业，还包括作业订正和问题分析、方法归类。学生一旦养成问题分析与方法归类的习惯，就真正可以跳脱题海战术，思维也将上升一个台阶。同时，对于学生以后的学习也将产生深远的影响。

当然，在实践的过程中也有很多质疑的声音，这些质疑绝大多数是善意的，很多也是我在实践中感到困惑的。比如，有参与到行动研究的老师并没有取得想象中的效果，这是为什么？我觉得，我自己在不同班级、不同年级实践时取得的成效也是不一样的。这很正常，没有一种教学方法是万能的，老师对学生出现的问题的"诊断"到位与否、及时与否，学生"病因"的真实程度，学生对独立作业法的认可程度等都会影响成效，需要老师的智谋与随机应变。

有老师问，对于高三学生，考前最后一段时间尤为珍贵，你是否会在作业中"猜题""押题"？问题本身让我倍感压力。试问，哪个高三数学老师不想猜到今年高考的压轴题？但又有几人能做到。所以，在那段敏感时期，我的做法还是强调基础知识与基本方法。当然，如何突出重点是我不断努力和思考的方向。我现在的做法是综合多方信息与备课组老师探讨，认真研读考纲。每次高考或期末考试结束后，我都会比对复习阶段的独立作业，从学生和自己两方面反思、总结，为研究的进一步完善提供方向。

总之，独立作业法在实践中还存在很多这样那样的问题。是否需要推广？如何推广？跨学科是否可行？我和我的同事们将会在以后的工作中继续实践。个人觉得，随着学生的变化、老师的成长、教材的更新，独立作业法的形式会变化，内容要更换，甚至会有新的更适合当下的方法出现。"变"是绝对的，也是相对的，借用叶老师的话说："我们的青年教师都很聪明，也很用心，所以无论什么方法，只要是从学生实际出发设计的，能解决实际问题的，都是好方法，你们大胆去干吧，超过我们是肯定的！"

（上海市三林中学　计华洁）

从计老师的故事中可以发现，教师撰写叙事见长的研究报告，大大降低了写作难度，还提高了文章的质量。把研究过程用设计与思考、实施与反思的程序写出来，对教师来说比较方便、顺畅。然后把研究的要素——问题与假设、方法与证据、结论与讨论，融会贯通在叙事性文本之中。这种方法符合教师的思维特征。

二、个别化教学研究——南汇四中的验证

2012 年 10 月起，我应邀走进南汇四中的课堂，和学校合作开展教改实验。2013 年，南汇四中申报的"以课例研究为载体的初中个别化教学研究"被上海市教委立项为实验项目，这大大激发了四中领导和教师开展课题研究的热情。

这个课题的立论依据与 2012 年 10 月召开的海峡两岸中小学教育学术研讨会的主题"个性化教育与学校新发展"有关，与顾泠沅研究员等一批有识之士的以学定教的课堂转型思想有关，也与我们对变革课堂文化的追求有关。（参见王顺昌《探寻课堂教学变革新途径》，《新课程研究》2021 年第 12 期）。

这项成果的呈现以过程性资料为主，以夹叙夹议的文体为主要阐述方式。最终的研究报告以叙事的行动研究报告为基本文体。成果集的第二章到第六章用了较多的文字呈现研究的过程性资料与分析。如第二章课例研究概述，有两个部分：一是"为什么以课例研究为主要研究方法"，二是"我们的研究创新是什么"。更为详细的资料则放在书的后半部分附录中。

南汇四中的课题研究再次证明了撰写叙事的行动研究报告，不仅可能而且有效，易于发挥教师主体性的研究话语。

以课例研究为载体的初中个别化教学研究（摘录）

第七章　研究成果与结论

我们试图撰写一份叙事的行动研究报告，这是根据刘良华教授在《教育研究方法》一书中的论述而为的，也是我们赞同刘教授的观点的表示。做基于情境性的研究，写叙事的行动研究报告，以专家的学理分析为依据，也有实践研究的证据来证明，所以这不是我们的心血来潮。至于是否合适、恰当，还需要讨论，需要得到更多专家、学者的指教。

一、研究成果

成果分为两种：一是文本式成果，二是非文本式成果。

1. 阅读感悟

阅读教育专著后，教师写了一些读书感悟文章。教师专题阅读的书籍和杂志有《幸福地做老师——我的生本教育实践之路》《教师的挑战：宁静的课堂革命》《以学习为中心的课堂观察》《教师月刊》等。

教师的阅读感悟文章有 120 多篇。（略）

2. 发表论文

课题组核心成员发表文章 42 篇，刊登在《浦东教育研究》《当代教育家·浦东教育》《教育瞭望》《新课程》等杂志上。

课题组核心成员发表文章一览表。（略）

3. 编辑专刊

编辑校刊三本：《志在四中》2014 年、2015 年、2016 年各一本。德育专刊《教育瞭望》一本。

4. 获奖

核心成员在各个不同层面上获得锻炼和成长，成为学科教学中的核心力量。从 2015 年到 2017 年，我校的课题组核心成员有五名成为浦东新区的骨干教师，10 名加入了各个学科的区级名师工作基地，有一人加入上海市德育名师学科基地，等等。

获奖情况一览表。（略）

5. 开课研究视频

留下了一批有主题的课例研究视频，具有很好的参考价值。

近三年开过的"主题课例研究课"为 32 节，从 2015 年到 2017 年开展了"每月一课"的主题研究。下面以 2014 年上半年为例，说明活动情况。

2014 年上半年课题研究实践活动一览表。（略）

二、研究结论

本项研究的假设是，在班级授课制条件下，以课例研究为载体的初中个别化研究的实施，是有助于促进学生有差异的发展、有个性的发展的。这个研究假设已经被教改实验的课堂所验证，假设是成立的。

1. 研究假设的验证

课题组验证假设是否成立的过程大致如下。

研究第一阶段，我们就引进课堂观察技术，把观察学生的学习状态作为研究教学——发现问题、改进设计、实施教学、反思提高的抓手。从结构观察走向自然观察，对教师的要求有提高。王丽琴副教授的课堂观察给了课题组教师一个范本，由此出发，研究怎样给学生标示识别记号，促成了体育课采用胸卡辨识的方法，形成了我们自己的草根研究方法。

人人都有一部手机的条件，给我们做课堂观察带来技术上的支持。用手机拍摄学生的学习现象和表情，提供了比单靠文字记录更为丰富的证据。手机拍摄与白板技术的混合使用，使课后研讨更为清晰、有据可依。

发现了问题可以改进教学设计。怎样设计教学目标？怎样结合课堂观察看教学目标设计的合理性与达成度？这些问题开始进入我们的研究视野。这是我们研究的第二阶段。用教学目标的合理性与达成度作为评价指标，使课例研究的水平得到提高。当语文课《百合花开》的研究引入"假设与验证"思想后，课例研究的水平又上升了一级，这是行动研究从实践走向科学的一次跨越。

班级授课制碰到的最大难题是学生的差异。如果还是把学生看作有同等需求的群体，具有划一的"学情"，显然有违教学要促进学生个性化发展的时代要求。第三阶段我们把构建"协同学习"的伙伴合作关系作为重点，把安静、安全、尊重、信任作为研究重点，把课堂文化建设作为研究的重要抓手，以此促进研究的深入。

2. 研究结论

通过研究得到的结论如下：

我们对个别化教学的认识是，在尊重学生差异的基础上进行教学，教学的内容和形式要适应学生的个性和特质，使具有不同认知程度、不同类型的学生都能得到发展。

我们认为，实施个别化教学，提高教师专业素养是关键。所以，我们采用多种形式开展了多种教育专著的阅读、撰写、交流，这是有效的举措。

我们认为，关注差异、改进课堂，创设安静、安全、尊重、信任的课堂是实施个别化教学的重要保证。而要创设这样的课堂，转变教师的观念是重中之重。如果没有教师观念的转变，教学很难有变化。

我们认为，以往的教学常常被教师主宰，以"教会"为特征，学生的主动性受到严重抑制。与此相反，只有立足于学生自我探究的学习，才是学生自我选择的学习，才是符合其个性特征、内部动机与需要的学习。

在开展课例研究的实践中，我们日益感觉到一种假设的重要性：教师"教的有效"只能体现在学生的学上。在实践中，就是要重点观察学生的学习，进而讨论教师"教学的有效与否"。换句话说，观察的重点不再围绕教师教学水平的高低，而是指向学生的学习，包括学习过程和结果的质量，也包括诸如同伴关系、学习投入等非智力因素的影响。

由此出发，我们的研究引入了课堂观察这个研究技术和工具，是检验教学对不同学生是否有效的重要手段。

以上的研究结论都有实证依据，在本研究报告第二章到第六章呈现的研究过程和研究认识中已经有所说明。

3. 讨论

经过四年的研究，教师和学生发生了变化，课堂里师生关系发生了变化。这从我们对教师的访谈和对学生的调查可见。

尝试以课例研究为载体的初中个别化教学研究，还有如下凸显时代意义的地方值得肯定。

第一，教改需要从竞争走向协作，构建协同学习的关系。经济活动引入了市场经济的竞争机制后，活力得到焕发。但如果把竞争作为学校教改的抓手，是不明智的举措。曾经风靡一时的"同课异构"，不小心会给开课教师带来伤害。如果把同课异构做成对教师的教学水平的比较，会给"失败"的一方留下阴影。教育与市场经济不是一个概念。

现在，通过研究的实践，教师把课堂观察聚焦到学生的学习上，评价授课质量的优劣高下，以学生的学习为依据，扭转了课堂教学研究注重对教师的比较与评判的弊端。

课堂里学生之间的协同学习关系初步得到建立，这从开展教改实验的班级和课上可以得到证明。通过对教师的访谈可见，教师之间已经初步建立了新型的"同僚"关系。

第二，基于生本的课堂观察，对人的研究从漠视走向重视。专家呼吁，教学研究要从"教的研究"走向"学的研究"。我们基于课堂观察发现了学生种种有趣的、有意义的学习现象。正是有了发现，才开始转变了教师的观念。教师看学生的眼光有了温柔、尊重和信任，尤其是对以往所谓的"差生"的概念有了实实在在的转变。

在发现学生，尤其是学困生的真实的学习状态以后，我们为他们的努力感动，由此萌发了为这些学生创设条件对他们施以援手的内在动力和真实情感。

第三，从经验走向理性，增进了教师的实践智慧。开展个别化教学研究，需要理性和欣赏。这种视角的转换，需要以理论学习为基础，以理论学习促进教师建立理论视角，然后从理论视角理性看待教学实践，这些学习活动大大增进了教师的实践智慧。这不仅在于实现了教师从经验型走向智慧型的提升，更在于运用实践智慧方能针对教学的复杂性与不确定性施以有效的教学，从而真正实现教学质量的提高。

上述对个别化教学研究的意义的再挖掘，也是我们把研究提升到探索课堂文化变革的层面上来认识的重要依据。

本项研究也留下了诸多有待深入研究的问题。

第一，课程（教材）需要修订。课程是教学得以进行的媒介，给学生提供可以选择的学习任务是真正实施个别化教学的必由之路。不同的学习任务是通过各种课程来实现的，如果没有切实的合适的多元化课程，个别化教学可能就成了无源之水、无本之木。

课题组已经认识到这个问题，但是，仅凭一校之力在有限的时间和空间里，还难以有所建树。

第二，评价尚待突破。我们已经运用了以课堂观察的结果评价学生学习状态的方法，已经初步涉及用手机等辅助工具做课堂观察的研究。但是，受统考统测的制约，要真正突破评价的瓶颈，尚需时日，需要更多的专家介入研究。

第三，对学生的分析有待深入。学生个性千差万别，个别化教学要以研究学生为起点。对学生的差异进行分析，不仅要分析学生的学习成绩，还要分析其学习能力、心理结构特征、学习兴趣、学习动机和要求等。研究中，我们对学生的学习个性分析进行过有益的尝试，但是很不够（参见研究课《百合花开》的研究）。这些研究需要以教师具备相应的知识背景为铺垫，以教师具有足够的研究能力为支撑，对我们来说，还有距离需要缩短。

教学离不开对学生成绩的分析。在进行成绩分析时，要关注不同学生、不同科目与课程、不同阶段的学业成绩，还要关注不同学生的学习起点、目标、现有水平、学习进步情况、学习能力等；对学习过程的分析要从学习动力、学业负担、师生关系、学生社会经济背景、学生品德行为、学生身心健康等角度开展详细的个别化调研；还要综合考虑学校、家庭、社区、教师、家长、同学等多元评价主体对学生进行评价，形成学生"成长档案"，只有掌握这些情况之后才能采取相应对策。

知不足方能对前行的目标有所认识，路在脚下，需要不懈努力。

南汇四中的这份研究报告言简意赅，没有很啰嗦的话语，然而文字中蕴含的思维质量比较高。

三、关于"预习本"的研究——语文老师的行动研究报告

一位小学语文老师在2024年撰写了一篇文章，讲述自己用一本预习本了解学情，从而针对学生的问题来设计和实施教学的经验。此文虽然没有课题立项的级别炫耀，没有多少高大上的理论归纳和提炼，但是对新课标核心素养教育如何做到以学定教，有着实实在在的意义。

我以为，这篇文章可以看作教师撰写的行动研究报告，它起到总结教学经验、与同伴分享交流、促进教育发展的作用。可见，没有课题立项的行动研究，也可以作出喜人的业绩。没有课题设计的系统化，研究活动看似比较随意，然而结果、结论并不比一些有名无实的课题报告差。

一本预习本，事小作用大

我在课堂上使用预习本的时间可以从 2010 年算起，至今已经有 14 年了。

现在很多老师使用"三单"——预习单、学习单、作业单进行教学，效果很不错。我在一次公开课上尝试后就放弃了，原因有二。一是，"三单"的"成本"太高，不太适合我们农村学校（如果每教一篇课文全班都要打印"三单"，学校及其他老师会有意见，而大多数学生家里没有打印机）；二是，这样零零散散的一张张纸不利于保存，我希望一学期结束后学生能把这些留有他们思考过程、智慧火花、证明他们努力的"痕迹"留下来，一学期一学期累积，若干年后也是一笔财富。这也是我一直使用预习本至今的原因。

黄建初老师去年就让我写一篇文章介绍一下我的预习本，可我觉得这没有多少值得可写的经验。预习这件事，不单是语文学科，其实每个学科的老师都在做，预习本也有很多老师使用。然而，黄老师认为一本预习本事小意义大，那我就回顾一下这件事的由来、经过和结果，希望对他人有所启发。

一、山穷水尽找新路：一本预习本的由来

我们语文老师上课之前都会让学生去预习，希望他们多读几遍课文。可是，我们的学生读完一遍课文之后，觉得已经了解课文在写什么了，就不再去读第二遍。长期以来，学生一直处于"课堂—作业"这样的单线循环中，对语文学习的兴趣越来越淡。

之所以使用预习本，是因为我也遇到了很多语文教师都头疼的问题。让学生回家去预习课文，可第二天授课时发现很多学生没读过课文，有些学生甚至连自然段序号都没标，连字音都读不准，更不用说深入理解课文了。我在班上发过火，甚至说过"如果被发现字音读不对，抄写本课词语时就多抄两遍"的规定。这确实有过一点效果。但随着孩子们发现读错也不会被罚

（我不敢让他们多抄，怕踩红线，怕被投诉），他们又慢慢回到"高兴了就读一遍，不高兴了就当没这个作业"的状态。我又尝试让家长签字的方法，让学生先标好自然段序号，然后自己读两遍，解决不会读的字、不理解的词，最后读一遍给家长听，让家长签字。这个方法也没法长久，家长大多从事农田劳作，或者是菜场小商贩、保安等，实在没有时间和精力经常听孩子读书。于是，我想到了设置一本预习本。

最开始，我只是为了让孩子们课前能读一下课文，不要连课文都读不准确、读不通顺，所以，预习本的格式很简单：

课题_____

1. 课文一共有_____个自然段。

2. 生字。（本课的生字中，哪几个你有好方法识记？）

3. 词语理解。（对于本课中你不理解的词语，查字典、词典。）

我本意是想给学生减轻负担，这三个任务就是预习的最基本要求，我只是把形式从口头变成了书面。可我很快就发现部分学生开始"钻空子"，因为没有具体要求，孩子们标完自然段序号，就直接从生字中选一两个用"加一加""形声字"等方法写一下，然后，课文也不读，就扫一眼，挑两个词语随便解释一下。起初，他们至少还用"难过""欣喜"这样明明就会的词来糊弄一下，后来，有学生干脆跟我讲"没有不理解的词语"。

我想到预习本的设计是有问题的。于是，我进行了改良。

课题_____

1. 课文我读了_____遍，一共有_____个自然段。

2. 生字、多音字。（从本课的生字中挑选3个，说说你用什么好方法识记；本课如果有多音字，请你写下来，并给不同的读音组词。）

3. 词语理解。（联系上下文理解本课中你不理解的词语。）

这次，我没有像之前那样只是口头跟孩子们说说预习本要写什么，而是以马上要上的一课为例，带孩子们一起完成了一次预习本任务。这之后，孩子们基本都比第一回认真了，至少课前都能去读课文了。但是，这对上课效果似乎没什么改善：上课时，提到难的问题，还是原来那么两三个人回答，其他孩子哪怕坐得很端正，你也能看出，他们对你讲的东西兴趣不大。这样的课，他们痛苦，我上起来也没劲。

二、柳暗花明再实践：预习本的改进

那次参加学习共同体的活动，我跟科研员杨海燕老师说了我的困惑，杨老师的一句话点醒了我："孩子们上课不认真听讲，不一定是习惯的问题，也可能是老师讲的内容他们不感兴趣。"是啊，现在的预习本对于孩子们来说，每一课都是千篇一律，我让他们读三遍，可对他们来说，读三遍和读一遍没什么不同，反而觉得是"浪费时间"。我课堂上讲的那些"千挑万选"出来的知识点，对他们来说，也是那篇课文讲过，这篇课文又讲。而我还一直在抱怨："同一个知识点，这篇课文讲了，那篇课文又讲，可他们就是不会。"原来，不是孩子们不愿意听讲，是他们对我讲的内容根本不感兴趣。于是，我对预习本又进行了改进。

课题_____

1. 我的发现（2~3条）：

2. 我的疑惑（至少1处）：

这次的预习本比之前两次的还要简单，就两项。可是，这样的预习本却激发了孩子极大的学习兴趣，也给他们的学习、我的语文教学带来了前所未有的新鲜感与成就感。

"我的发现"主要是让孩子们写一写预习时读课文的收获，可以是对某个词语的理解，也可以是对某个语句、某个段落的品读与感悟。为了避免孩子们将"预习"与"提前学习"混淆，从各种教辅书上抄写大段的"别人的话"，最开始我带着孩子们一步一步进行预习的发现：有孩子联系上下文对某个词语进行理解，我立刻表扬；有孩子抓住关键词品味某句话，我也立刻表扬。孩子们发现这并不难，不需要回去查字典甚至上网查，也并不抵触。在表扬的过程中，我渗透了要求，比如"联系上下文理解某个词，一般先写出这个词的本意，再写出在文中这个词是指谁怎么样了，有什么作用""品味词句，我们可以抓住句中的关键词，说清楚通过哪个词，你感受到了什么，这个词的用法好在哪里"……这样，孩子们的表达规范了，分析也比以前深入了。

"我的疑惑"这一项费的功夫就多了，孩子们不会提问，他们觉得没啥疑问。最开始是为了问而问，提出不清楚某个词语的意思，我就跟孩子们说："像这种通过查字典或者多读几遍课文就能解决的问题，不是我要的疑问。这里的'疑惑'是指你理解了字词之后，仍不理解的。"

正好某次讲《一座铜像》时，丁同学提出一个问题："周老师，课文说'比利时人民奋起抗击，终于赶走了侵略者'。可是，侵略者是人，又不是鸡和鸭，为什么用'赶'啊？"我在引导全班孩子解决这个问题之后，立刻大声表扬了他："这是个好问题，是真疑惑。我们以后也可以对这些看起来简单但其实富含感情的字词提出自己的疑惑。"在下一次的预习本中，立刻就有很多同学开始关注这样的字词并提出疑问，我在大大表扬了他们之后，借机点拨："除了字词，我们还可以对标点、对课题提出疑问。"

孩子们领悟能力很强，在《南极风光》一课，陈同学就第4自然段第2句提了一个问题："'在漫长的极夜中，突然，漆黑的天幕上闪现出绚丽夺目的光彩，有时像空中垂下的帘幕，有时像不断蹿动的火焰，有时像强大的探照灯光动荡摇曳，有时像天上的流星一掠而过。'为什么最后用句号而不用省略号？"在学习《独果》一课时，丁同学提出："为什么课文题目叫《独果》，不叫《相亲相爱的一家人》？"在我大力表扬之后，越来越多的孩子会质疑了，他们会对所有"不合理"的地方进行质询。比如，在《我喜欢小动物》一课，张同学提出"课文写的是'我'喜欢小动物，第3自然段仅仅是在介绍'过山鲫'，没有写'我'喜欢小动物，为什么要写？"这个问题得到我的高度赞扬。第二天学《鳄鱼的争斗》，很多孩子模仿他对课文第4自然段提出疑问："课文主要写的是鳄鱼的争斗，第4自然段是动物学家的结论，为什么要写第4自然段？有什么用？"

他们还会对同学，甚至对我进行质疑，比如，在《他从火里跑出来》一课，朱学生提出："老师，课文说诺贝尔在进行'实验'，在《蝙蝠和雷达》那课，你不是说'实验'是知道结果的吗，那为什么课文又说'寻找威力强大的新炸药'？"

这样的质疑让孩子们对预习充满了兴趣，也让每天批改预习本的我时时处在惊喜之中。

更让我惊喜的是，这种质疑所养成的深入思考的能力又让"我的发现"板块不再停留在词句等零零碎碎的层面了，孩子们竟然可以"无师自通"地从文章结构方面来写"我的发现"了。虽然开始只有几个学生能做到，但慢慢地，越来越多的孩子具备了这种能力。

至此，我的预习本的模式基本形成了，虽然表面看起来它没有了最初让孩子们读几遍，解决字音、字义的板块，但其实，孩子们在预习的过程中都主动解决了，甚至有了进入高阶思维的阅读感悟。

三、千锤百炼勤反思——实践出智慧

很多老师觉得预习本的作用到上课就停止了，但对我来说，一本预习本深刻影响着我的课堂，它不仅帮我搜集学情，还改变了我的教学方式。

1.学情分析很重要，但需要从抽象走向具体

我们提出"以学为中心"很多年了，很多老师在公开课的教案中，除了单元分析、课文分析，还会有"学情分析"。但是，大多数老师的学情分析

只是停留在程序化的浅表阶段，只是笼统分析"三年级学生处于生长发育的关键期，有较强的接受能力，他们模仿能力强，好奇心强。但是中段的学生学习能力和学习方法处于过渡时期，学生的思维、概括、品读语言、感悟文字背后情感的方法和能力还处于学习阶段"或者"授课班级为三（1）班，班级孩子上课思维较活跃，部分孩子语文基础比较弱，但在课堂中能积极举手发言，绝大部分时间能够跟着授课教师的上课节奏走"，等等。可是，这样的学情分析对一篇课文的学习没有多大作用。

我的预习本可以帮我了解学情，进而提示我这篇课文应该"教什么"。这一点我在《武松打虎》一课体会最深。这个单元的主要目标是复述。进行了文本解读之后，我结合单元目标、课后习题，确定了本课的教学目标：

（1）能抓住武松和老虎搏斗的动作，分武松躲闪、武松反攻两部分将打虎过程讲清楚，尝试表现当时紧张激烈的气氛。

（2）能根据武松的语言和动作体会武松是一个性格豪放、武艺超群、智勇双全的人。并通过《武松打虎》一文，初步了解学习小说体裁的文章，应该关注人物、情节、环境。

（3）通过本文的学习，引起孩子们走进经典、阅读名著的兴趣。

第一次全文预习后，我发现，大部分孩子都能模仿《观潮》一课，将课文分为"打虎前—打虎时—打虎后"三大部分（教辅材料和参考书中都是"喝酒—上冈—打虎—下冈"）。除此之外，我发现孩子们的关注点特别散：有关注到哨棒的，有关注到十八碗酒的，有关注到武松打虎的动作的，有关注到傍晚这个时间的……大部分孩子都提到"武松是个怎样的人"，观点不一（爱喝酒、能喝酒、不听劝、勇敢、力气大、厉害），但其实都对。

考虑到这节课是第二课时，于是，我让孩子们按照预习整篇课文的方式去预习第15—25自然段。这次孩子们的预习较前一次深刻多了，且关注点也比较集中：绝大部分都关注到了武松的动作，一半以上的孩子看出了可分为"老虎攻击、武松反攻"两部分，一小部分孩子能关注到老虎（很大、力气大），极个别孩子提到了紧张的气氛、武松很机智。

而且，孩子们提的问题也很有意思："武松不喝酒的话，还会打老虎吗？""第 23 自然段说'老虎痛得东躲西闪'，它不是被揿住了吗？""为什么要分这么多自然段？""最后一自然段老虎断了气，为什么不用'筋疲力尽'来形容武松？"……

　　从孩子们的"已知"和"未知"里，我发现：原本我预设的"重头戏"之一"发现可以分老虎攻击、武松反攻两部分"就不需要讲了，这点哪怕还有孩子不清楚，通过小组交流也能知道；孩子们关注到的武松的性格特点，还是主要集中在表层，如动作敏捷、武功高、力气大；而武松的"机智"，很少有孩子看到，哪怕关注到的孩子，可能也只是略知一点，不够完整；有孩子能关注到老虎，但无法理解写老虎的作用，更无法将老虎和武松联系起来看；孩子们都只关注文字，没看到情节的环环相扣、一波三折，无法感受写法的精妙。

　　结合孩子们预习本反馈出来的学情，我将教学目标修改如下：

　　（1）能根据武松和老虎搏斗的动作，体会武松是一个武艺超群、智勇双全的人，感受当时紧张激烈的气氛。并通过《武松打虎》一文，初步了解学习小说体裁的文章，应该关注人物、情节、环境。

　　（2）通过本文的学习，激发走进经典、阅读名著的兴趣。

　　我的主要预设就是考虑"感受武松性格特点"这个主要任务到底怎么问，又要达到什么效果。最后，确定让孩子们找到武松厉害在哪里的依据。课堂上，孩子们对这个问题进行了深入讨论，收获很大——如果我还只是一意孤行地按照教参和自己的文本解读来确定"教什么"，那上课时孩子们绝对不会有这样深的参与度。

2. 以学定教需要教师认清学生的认知基础和认知冲突

　　以前上课，尤其上公开课的时候，我和大多数老师一样，喜欢把自己解读到的、能体现自己"精妙设计"的点全都糅合进这节课里。课堂上自己觉得讲得"很精彩""很清楚"，可仅有几个固定的孩子在参与，其他孩子可能连老师才让大家"表扬他"的同学回答的是什么都不太清楚，更不用说，这个表扬和"听听其他同学怎么回答"有什么区别了。

在我的课堂上，一直有一个原则：学习是个人的事，不管采用哪种学习形式，到最后都要学生自己有所提升。整堂课，对孩子们来说，是同伴互助下的"积雪式"学习。我让孩子们每人准备三支不同颜色的水笔：黑色主要用来记录独立学习时的想法；蓝色主要用来记录小组交流时，从伙伴那里学到的；红色用于记录全班交流时，其他组的精彩观点，以及老师的点拨和总结。这样，整堂课，不论哪个环节的学习，孩子的收获都一目了然，收获在增加，就像雪一样在层层累积。

整堂课对于我来说，其实是一个构建"金字塔"教学模式的过程。

在第一个环节，我会让孩子们拿出预习本和蓝笔，和伙伴一起轮流交流前一晚的预习收获。

因为课堂时间有限，我会让孩子们将自己的收获排排序，每人先说自己觉得"最赞的"那条发现，如果老师没喊"停"，可以交流排序第二位的发现。在这个过程中，也可能出现自己要分享的收获和前面某个同学的一样，那就进行补充，当然，也可以提出不同意见或疑问。大家把从同伴那里学到的收获用蓝笔补充在预习本上。等全班交流时，起来发言的孩子除了分享自己"最赞的"那条收获，还要分享一条轮流交流时从伙伴那里得到的收获。其他同学则拿出红笔，将自己觉得"很妙的发现"记录在预习本上。这样，保证每个孩子整个环节都在学习。

以《烟台的海》一课为例，在预习时，关于课文的写作顺序，同学的发现在自学、互学、共学中逐步加深。比如，在自学时，张同学写道："我发现，这篇课文是按照冬天、春天、夏天、秋天的顺序写的。本单元学习归纳，我们可以按照这个顺序进行归纳。"在小组合作学习后，她的同桌也有关于写作顺序的发现："我发现作者是按照冬春夏秋的顺序来写烟台的海的，而且，每个季节的海各不相同：冬天的海是深褐色的，春天的海是绿莹莹的，夏天的海是平静的，秋天的海是格外湛蓝的。"在四人小组交流时，另外两个伙伴也有相关发现，沈同学发现："四个季节海水颜色各不相同，海浪也是从大到小的。冬天：小山似的涌浪像千万头暴怒的小狮子，不停地扑向堤岸，发出雷鸣般的声音；春天：一会儿退，一会儿又扑上来；夏天：海水常常水平如镜；秋天：海水变得格外湛蓝，天空也格外晴朗。"顾同学发现："课文四个季节都是先写海水怎么样，再写人在干什么。冬天：海浪很大，人在海边拍照；春天：海水一会儿起一会儿退，人在种苗；夏天：海水水平如镜，人在欣赏；秋天：海水变得更湛蓝、更安静，人在工作。"

经过小组交流、全班交流后，孩子们相互串联、整合，基本都能理出课文的框架、脉络。在小组交流的环节，我的作用一直是巡视了解，不介入任何组的讨论；在全班交流环节，主要作用就是引导大家对不同的发现进行串联、整合，形成更清晰的认识。

第二个环节是交流"我的疑惑"，让孩子们在小组内提出自己预习时的疑惑。经过刚才的"收获"交流，有一部分同学的问题已经得到解答；剩下的问题，一些浅显的，通过小组合作、思维碰撞，也基本能解决。剩下的难题，就在最后全班交流时提出来。至此，我在构建的一直是金字塔的最底层：放空自己倾听，接纳所有的问题和答案。

在我把各组剩下的难题集结在黑板上，引导孩子们去结合第一环节的收获和分享相互串联的时候，就开始把金字塔的口收窄了，越窄它越能向上。收窄了以后，就会产生矛盾冲突，这也就是最后的"挑战性问题"。这时候，我就使劲推着孩子们带着矛盾冲突回到文本，回到根本。有这样一个过程，孩子们就会获得认知不断提升的效果，最后就能形成认知的飞跃。就像前文提到的《武松打虎》一课，到最后形成的挑战性问题就是："你从哪里看出武松很厉害？"孩子们就会从武松和老虎两方面去分析，从武艺高强和有勇有谋两个角度来论证。

这样的课堂，学生的学习仍是基于预习本，在预习的基础上，每个环节进行累积，进行深入学习，一段时间下来，学习能力都有所增强，每节课我都能体会到"教学相长"的快乐。这样的课，孩子们学得有兴趣，经常对我说："周老师，剩下的（一半课文）什么时候讲？""周老师，我还有个发现……"

四、深度学习还可以从解决问题引向新的发现学习

有位老教师曾说:"一节语文课结束,并不是一个句号,而是一个省略号……"在我的课堂上,孩子们在预习中提出的问题基本都能得到解决。可这并不是一本预习本最值得夸耀的地方,因为我现在有了新发现。当学生上完课,对这篇课文或这个话题产生了兴趣,甚至产生了新的疑惑,进而去查阅、讨论,补充在预习本上,这才是教育对学生产生深刻影响的成功之处。

比如,学完《埃及的金字塔》一课,两节半课的学习,孩子们对课文已经进行了深入的思考,可是课后,他们反而有更多的问题:"金字塔为什么要建那么大?""那么重的石块不会把门压坏吗?""金字塔里面是空的吗?"孩子们把查阅来的资料分享在群里,相互补充、讨论,对金字塔有了更多的了解。有个孩子特别细心,他问我:"周老师,我查到了波黑太阳金字塔比胡夫金字塔还高,那为什么课文说'胡夫金字塔是最大的金字塔'?"这个问题抛到群里,又引起了一波思考和讨论。

受这件事的启发,我将预习本进行了更新,在原来的基础上又增加了一项"我的补充",主要是结合课堂收获、课后查阅进行梳理补充。

课题_____

1.我的发现(2~3条):

2.我的疑惑(至少1处):

3.我的补充:

在《起死回生》一课的课堂上给出"扁鹊是个啰嗦的人"观点的觉晓,课后主动去查了扁鹊的资料,这让我十分惊喜!要知道,这个孩子平时可是能写两个字,绝对不写两个半!可那天,觉晓的补充比平时的作文写得还多:

今天，我们学了第 11 课。相传有名的中医典籍《难经》为扁鹊所著。扁鹊（公元前 407—前 310），汉族，姬姓，秦氏，名越人（秦越人），又号卢医。战国时医学家，战国初年齐国渤海郡莫州（今河北任丘）人。因他医术高超，被认为是神医。扁鹊到邯郸时，闻知当地人尊重妇女，就做治妇女病的医生；到洛阳时，闻知周人敬爱老人，就做专治耳聋眼花、四肢痹痛的医生；到了咸阳，闻知秦人喜爱孩子，就做治小孩病的医生。他随着各地习俗来改变，成为医、药、技非常全面的"全科医生"。扁鹊奠定了中医学的切脉诊断方法，开启了中医学的先河。他精于望色，通过望色判断病证及其病程演变和预后……

觉晓补充的文字足有 570 多字，在我看来，这个改变已经开启了主动学习的大门，其价值弥足珍贵。

到现在，我用一本预习本构建以学习为中心的深度学习样式已经好几年了，第一批参与一本预习本教改实验的学生已经毕业了，他们初中的老师反馈说"这些孩子的思维很敏捷，学习能力强！"

我也因为一本预习本的教改实验获得了专业上的持续发展，曾连续三年参加"黄浦杯"长三角城市群征文，获得一等奖等佳绩。

在素养教育的时代背景下，通过思考和辨析揭示一本预习本的意义和价值，把这份渗透着我和学生实践智慧的教学方法提供给我的同行和基地学员们。至于这份经验能否对不同学生、不同学校形成规律性认识，还需要我和学员们共同探讨，并进行更多次的实证性验证。

（上海市新港小学　周威丽）

这篇文章参考刘良华教授的评判标准检验，已经具备了研究六要素，即问题与假设、方法与证据、结论与讨论。所以，这是一篇行动研究的叙事报告。用夹叙夹议的行文阐述研究，不失实践与理论的融会贯通。教师没有课题立项，可以撰写这类带有实践智慧的好文章，有了课题立项的教师更可以参考借鉴，使研究报告具有教育的"烟火气"。

建议

寻找一种与目前研究报告平行的、适合教师撰写的文本形式，是我的研究宗旨。事实上，不论从学理还是从实践来看，教师撰写叙事的行动研究报告，都是可行且有效的举措。

一、引入假设做研究，是提高行动研究质量的关键

有专家提出行动研究需要做两轮，其实是通过第二次研究对初次研究的成果进行验证。

我们在实践研究中难以完全控制实验变量，退而求其次在自然的状态下开展行动研究，是一种变通。这种变通需要保持"客观""真实"，做法就是"准实验研究"，或称"行动研究"。行动研究的高水平需要做到在保持实验精神的同时让教师易于上手操作。

二、用夹叙夹议的文本阐述研究过程和成果

叙事的行动研究报告有叙事，但不只停留在叙事，需要把六要素融会贯通于叙事中。这六要素就是问题与假设、方法与证据、结论与讨论。这里参考了刘良华教授的论述，只是对"方法与过程"和"资料与证据"作了适当改变，合而为一用"方法与证据"取代，含义没有变。

三、研究报告修改可以将论题和结构化处理作为重点

研究报告的最终成文，我所见的有两种方法。一种是直接用原来的课题名称作为研究报告的总标题，然后分而述之。另一种是在课题名称的基础上增加一个正标题，原来的课题名称只是作为副标题使用。

我曾经在指导教师修改研究报告时尝试过增加正标题的做法，感到这种做法有好处。比如某区幼教研究的课题"健康教育理念下区域幼儿健康教育活动的优化研究"，研究报告长达 1 万多字，阅读下来总感到缺失了一些什么，于是给执笔者建议增加一个正标题——"从教育蓝图到精致施策"。

照此思路修改以后，整个研究报告形成如下结构：

序言部分：为什么要开展区域幼儿健康教育活动的优化研究？（这项课题前期有研究基础）我们是如何把教育蓝图转化为精致施策的？

正文部分：分三部分阐述研究的过程与得到的收获——"目标引领与转变观念""重新设计与付诸实践""园内外形成合力提高效益"。

结尾部分：通过研究活动的开展与成效显现，提炼出研究结论，三条结论与正文三部分联结。以此为证据陈述研究成效与教师的获益。最后是讨论，通过对成果、结论进一步提炼，可以将精致施策作为切入点，阐述教育蓝图与精致施策的关系，从中生发出后续研究的新方向。

这样的研究报告与初稿相比，质量得到了较大提升。用这项研究的执笔者周主任的话说就是"这个题目真的是一下子拔高了这项研究的意义、价值"。

倡导教师撰写叙事的行动研究报告的原因还在于，教师的经验镶嵌在具体的教育情景中，如果离开了教育情景，教师得出的经验总结、研究结论，那些条条杠杠，可能一文不值。由此，我的观点是教师要"走向有理论视角的情景性本土化实证研究"，即"在真实的教育情景中开展研究，在解决本土的问题中实现创新"。这是写在我编著的《走向实证——给教师的教科研建议》封面上的写作宗旨。

第 八 章

"車"字八法
——如何撰写教学研究论文

概述

　　教师能否撰写学术论文？这是一个有待证明的议题。现实的情况是，写学术论文对普通教师来说是比较为难的一件事。如果我们把概念转换一下，变成教师如何撰写教学研究论文，则会大大降低写作难度。

　　教师作为教育实践的一线工作者，其教学研究论文是"实践智慧"的学术化表达。其特征是：以教学实践为根基，以反思提炼为路径，以解决问题和分享智慧为目标，并且结构灵活，语言平实专业。其意义远超个人层面，既是教师专业成长的阶梯，也是教育生态优化的重要推动力。

　　通过撰写教学研究论文，教师不仅能提升自身能力，更能将课堂经验转化为公共知识，最终惠及学生、学校乃至整个教育系统。

　　以此来探讨教师的教育写作，我们可以立足教育现场（主要是课堂），选取"实践立场"，总结"实践智慧"，同时兼顾学理性和创新性。

一、教师适宜走实践研究与创新之路

高中语文教师朱老师写了一篇教学经验总结《思维为"翼"，妙"问"扬帆——基于"思辨性阅读与表达"的〈六国论〉群文阅读教学》，要我提提修改意见，我看后感到有点为难。这篇文章以思辨见长，重点放在议论上，探讨教学策略。

这类文章有范例可模仿，报刊上很常见。有的教育编辑推崇这样的文章，宣称只刊登这类文章，不刊登教育案例等叙事见长的文章。也有的专家对这种文章提出异议，认为教师的文章应该是实践研究与实践创新。刘良华教授建议教师不写"策略"之类的文章。

教育研究流派纷呈，各个流派都有自己的理论体系和实证依据。教师信服什么流派，选择什么类型的文章，都由自己择而从之。我的学习经历、角色定位和教育追求，让我选择了走实证研究的路。

我从事普教科研是在 1999 年。那时候教师的文章还比较单一，主要就是经验总结和课题研究报告。2000 年，教育案例登上了教育殿堂。《上海教育科研》刊登了一篇案例评析《一个诚实与集体主义的两难问题讨论》，拉开了教育案例写作的序幕。我感到教育案例适合教师撰写，于是在南汇区推广。而后，课例研究、叙事研究，这些质性研究的文章相继问世，形成了与量化研究齐头并进的态势。教育研究园地百花齐放，目不暇接。

我看好叙事见长的文章，觉得比较符合教师的职业特征。教师撰写叙事见长的文章是扬长避短之策，反之，则容易步他人后尘，有点吃力不讨好。

我的理由是什么呢？

一是理论依据。1996 年，陈向明教授开创了质性研究的先风，她的调查研究报告《王小刚为什么不上学了——一位辍学生的个案调查》发表于《教育研究与实验》1996年第1期。这篇调查报告以王小刚为例探讨辍学问题。此举一改量化研究的单一路径，给教育研究带来了一股清新的风。我是在参加上海市的教师教育培训中听袁振国教授着重介绍的。

华东师范大学的丁钢教授倡导教育叙事研究，对国内教育叙事研究的兴起和开展，起到了积极的倡导和推进作用。在学术上也为教育研究新的方向及其研究领域的开拓，奠定了重要的理论基础。丁钢教授主编了《中国教育：研究与评论》，2001年创刊，2019年在知网上线。

在第2辑、第3辑的时候，他请了两位国外的学者，一位是丹麦奥尔胡斯大学教授，中文名曹诗弟。丁教授给他出了一个写作题目"你怎么看待中国教育研究"。曹教授就此写了一篇文章《中国教育研究重要吗》，发表后震动学界。他知道中国有那么多的学生，那么多的老师，那么庞大的教育体系，中国教育研究当然重要，但是他的结论却并非如此。他举了一个例子，他到山东邹平县作乡村教育的调查，到了当年梁漱溟进行乡村建设的地方去田野调查。他调查完后到了山东的一所大学，有教授说："你干吗自己去做田野？你问县里拿点材料就行了嘛。"他非常惊讶，一个教授怎么能说出这样的话？因为真正能够作为自己研究资料的，必须是亲自调查得到的第一手资料。他当时已阅读了近20年中国国内顶级教育研究期刊的文章，但是他感觉如果中国的教育研究者是这样做研究的，中国的教育研究真的不重要，不会有什么地位。

搜集证据资料采取何种方式方法，可能决定了研究的质量和成果的价值。

二是实践依据。2009年，孙明霞老师出版了《用生命润泽生命》，以叙事见长，记录了自己课堂教学的案例故事、实操方法与理性思考，开辟了教师研究课堂教学的新路径。2010年，沈丽新老师的《英语可以这么教》出版，文章以叙事见长，娓娓道来，读者一如聆听邻家大姐的教育"故事"。2013年，侯登强老师出版了《做一个有故事的教师》，用一本教育案例集研究教育。

对这种叙事见长的文章算不算研究成果，我和张肇丰研究员有过讨论。如果一篇两篇文章还不能算成果，那么，北京十一学校李希贵校长的随笔集《面向个体的教育》，当然算研究成果了。

质性研究与量化研究没有谁高谁低的分野，只是两种不同的搜集证据的方法。如果说专家做研究需要搜集证据的话，那么教师做研究不需要刻意搜集证据资料。教师在课堂里摸爬滚打的实践就是做研究的证据。其实，教师不只是搜集证据，也是在不断地创生证据。所以，有的专家学者会走进课堂做研究，用真实的教育作为资料做扎根课堂的研究。

2002年，顾泠沅教授倡导"课例研究"，揭开了上海教师教育研究的新篇章。据顾教授透露，其背景是当时的上海市教委副主任张民生给了他一项任务——如何提高教师队伍的质量。顾泠沅教授对教师教育做了研究，以上海的于漪老师为例，总结出了教师成长的规律，被教师俗称为"三阶段二反思"的行动教育模式。

课例研究其实不是顾教授首创。在这之前，日本的佐藤学教授开展课例研究（也称授业研究）已有相当长一段时间。

与佐藤学教授不同的是，顾泠沅教授用科学的方法做课例研究，成果的科学性很突出。例如，一篇《从告诉事实到组织观察——小学自然〈淀粉〉片段"淀粉遇碘酒变为蓝紫色"》把教学分析从质性的描述精确转换成时间数量的比较分析。这种研究技术需要高超的技能作为基础，一般教师难以企及。佐藤学教授的课例研究以研究人员的眼睛为工具，搜集课堂里的故事案例作为证据进行分析。这两种研究在我所管理的区域范围内都被积极推广。结果是顾泠沅教授的方法推广有点难，佐藤学教授的方法容易推广，受到教师欢迎而迅速传播。

陈静静博士系佐藤学教授的嫡传弟子，她经导师钟启泉教授推荐到日本，跟随佐藤学教授研修，回来后先在浦东新区的蹲点学校推广学习共同体教改实验，后来把学习共同体教改实验推向全国有志于此项研究的地区、学校和个人，产生了极大影响。她先后出版了《跟随佐藤学做教育：学习共同体的愿景与行动》《学习共同体：走向深度学习》《学习共同体：用课例告诉你》。

学习共同体教改实验把课例研究置于教师学做研究的中心地位，又把"课堂观察与分析"作为研究课堂与教学的重要方法。课例研究与课堂观察擅长细节的描述。细节决定成败。"课堂观察与分析"其实就是用调查法搜集证据，对证据作初步分析，有助于教师研究能力的提高。

陈向明教授以质性研究见长。她发表了一系列文章，其中对行动研究很推崇。她还提出了"让教师成为知识的创造者，而不仅仅是知识的传播者"。张民选教授提出"教师是知识生产者"。李伟教授提出教师通过研究要成为"教育学术人"。这些新观点、新视角，给教师的研究和写作指出了方向和目标。

我一直致力于扎根课堂做研究，除了自己阅读思考、研究写作，经常走进课堂与学员共同做课例研究和课堂观察。我撰写了一系列文章，已经公开发表。经过华东师范大学出版社"大夏书系"编辑部的策划组稿，我的书《走向实证——给教师的教科研建议》《校本研修的八条主张》已经出版，受到广大教师的欢迎。书中大量的教育案例来自课堂，来自一线教师的创造，佐证了教师也是实践性知识的创造者，也能成为教育学术人的观点。

回到朱老师的文章，文中缺失了对课堂教学改革的细节描述，结论的得出缺少证据的支持，可能存在思辨有余、实证不足，讲道理有点多，讲事实、摆证据不够的问题。教师的实践智慧隐含在教学细节中，用抽象的概念作为证据资料难免抽象有余而细节呈现不够，读者还是不知道作者是如何破解教学难题的。我曾经对学员说过，教师的经验镶嵌在教育情景中，一旦抽离了具体的教学情景，那些结论可能一文不值。专家早已说过的，你再去论证专家的结论是正确的，几乎毫无意义。尤其是实践创新在何处，读者与编辑看不出来。

二、用论题的确立和结构化处理提升文章质量

鞠老师是我在一所小学做青年教师校本研修活动中认识的。2022 年 11 月，鞠老师的学校接受浦东教育发展研究院"教学节"的展示任务。浦东教育发展研究院开了五节课，举行了一场论坛，主题是"问题探究，生长创造力"。鞠老师的课是项目化学习的延展，项目化学习的内容是班级收纳师之"雨具安放"，学习设计的主题是"运用项目化学习培养学生创造性地解决问题的能力"。

她告诉我这节课还是很有心得体会的。我建议她写出来，把这节课的前因后果，用叙事的笔法，原原本本写出来。鞠老师有写作的习惯，这一点非常重要，所以，遣词造句的能力不错。半个月后，她发来第一稿，还不错，能够把事情的经过和作者的思考呈现出来。

一篇以叙事见长的文章初稿，后续修改非常重要，一如"毛坯房"需要"精装修"。于是，我循着学界专家的思路，给鞠老师提了几条修改意见。

首先是论题。我们讨论后，把文章题目确定为正副标题的形式："如何创造性地解决问题——班级收纳师之'雨具安放'的设计实施与思考"。序言的撰写，用"为什么"和"是什么"，开门见山，进入主题。学习设计放在序言的第二部分。文章的正文，采用三段式，用三个分论点有序展开。我提出一定要有小标题。鞠老师修改时，在小标题上下了很多功夫。这是后来她告诉我的。文章的论题与分论题的关系涉及内在逻辑关系，所以颇费精力。每一段的叙说，以夹叙夹议展开。这些在初稿中已经具备。文章的结尾，也称结语。高明的结语需要回到论题上，形成前后呼应的写作方法。鞠老师已经得出结论，写了自己的教学反思。我稍微作了一点顺序上的调整。

与鞠老师一起讨论、修改、再讨论、再修改，我发现我们的六次修改直至最后定稿，主要集中在文章的"结构化"处理上。

我从这次修改意识到，教师写作之难在于论题的确立和如何进行结构化

处理。如果具备了论题确立的本领和对文章内容进行结构化处理的能力，写作就不难。论题的确立涉及教师的教育价值观，有了正确的教育价值观，就会发现现实中的各种问题，就会想到需要解决它们。于是，行动研究就有了方向、目标、措施。文章的结构化处理涉及方法论。行动研究完成以后，教师需要把行动研究的过程性资料，转化为文章各部分的文字，这是一次思想认识和思维的过程。思维，就是用概念进行推理的思考过程。我们需要提高的就在于此。

回顾鞠老师文章的出生（做出来）、生长（写出来）、培育（改出来），最后获奖的经过，我想到了好文章需要结构化处理，处理的准则是需要关注文章的"五个论"，即论题、论据、论证、结论和讨论。

把教育活动（过程）按照顺序写下来，这是记录，也是实录。实录是基础、素材。还需要把实录通过教师的思考、思维（运用概念和逻辑推理）变成叙事性的结构，构成教育故事、教育案例。在论文撰写时，需要把故事、案例作为证据嵌入其中。客观的故事经过教师大脑的运作，变成"叙事"，叙事需要按照文章主题来取舍。哪部分详写，哪部分略写，全凭文章的立意（主题、主张）来决定。

三、"車"字结构化处理的探索

我从文章的修改过程，想到了结构化处理的一种方式——"車"字结构。一个"車"字，五横加三竖，构成教师教育写作的基本结构和要义。

"車"字的三竖即做出来、写出来、改出来，形成一个"川"字。"車"字的五横，上面一横，指序言；中间三横，指正文，构成正文的三部分；下方一横，指结语，就是文章的结论与讨论。

中间一竖，既是"写出来"，也是指贯穿全文的中心思想、主题，又称"论题"。论题是文章的"灵魂"。

对"車"字进一步解读：上面一横，由"是什么"和"为什么"两大问题组成，构成文章的序言、开头语。如果有关于研究问题的阐述，可以放在最前面，或"是什么"的下面。中间三横，是正文。我们一般用三部分来阐述分论题。三个分论题组成文章的正文，是对文章总论题的阐述。下面一横，是结论与讨论，属于文章的结语。结论来自文章的论述内容（过程），自然而然得出，由内在逻辑关系（如因果关系）的推理得出。不能没有论据，没有论证。讨论是对本文论述的再思考（检讨），它可以是对研究结论的提升（升华），是正面的提炼，也可以是反思，提出有待继续研究的问题。

三个分论题的阐述，也是用总论题的阐述方法。每个分论题包括"是什么""为什么"，进而阐述"怎么做"，最后是"得到什么"。

对行文的修改，需要一定的时间。文章写完后，需要置放在抽屉里静默几天。然后再阅读、修改。请高人指点，也是一条重要路径。

下面请看鞠老师文章的节录：

如何创造性地解决问题
——班级收纳师之"雨具安放"的设计实施与思考

新课标提出了培养学生形成正确价值观、必备品格和关键能力，我从教的项目化学习该如何进行核心素养的教育呢？我想到了培育学生学会创造性地解决问题的能力。

本次学习设计中，我选了"班级收纳师"系列活动中的"雨具安放"这一内容。我是这样想的：该内容与孩子们的日常生活息息相关。长久以来学校的处理办法是每个班级在走廊放置一个大号水桶用来收纳雨具，大家对常态处理的方法已经习以为常，没有人会想到去破解其中的问题。而且，该问题的处理是孩子们力所能及的，可以通过一系列扎实的研究来实现和验证。更重要的是，解决问题的方式方法有多样性，能够引发学生创造性地解决问题。学生需要经历一次深入、持续的探索，对现象进行观察、分类、分析、决策、动手操作，然后创造性地解决问题，最后验证自己的方案是否有效。

这可以是一次完整的项目化学习的过程。

为了理清思路，我和往常一样制作了"项目规划流程图"。流程图有六个活动环节。细细琢磨哪一环节更能聚焦学生创造性地解决问题的能力，我将课堂展示锁定为"活动四——交流设计，提出改进意见"。这一活动的主要内容是学生展示并介绍自己的设计草样，集体交流改进的过程，从内容上看，是最容易展示学生解决问题的方法与途径的。

我将本次课堂活动内容分成三部分："一、完善设计标准""二、围绕问题框架交流汇报""三、对比交流，共同进步"。这样的划分是简洁而明快的，没有花费太多的时间考量，遵循学生学习过程发展的一般规律。

以下是我们在课堂上的交流、探讨。

一、完善设计标准

师：同学们好，作为"班级收纳师"，这一次我们又迎来了怎样的任务？四（1）班的班主任陈老师向同学们求助——下雨天，小朋友的雨具总是无处安放，看起来很凌乱，如何才能合理安放雨具，让教室保持一贯的整洁？经过上一次活动，同学们把这个问题分解成了三个子问题（下雨天班级雨具摆放现状是怎样的？造成下雨天班级雨具摆放现状的原因有哪些？哪些整理雨具的方法适合在班级内使用？），前两个子问题，同学们都完成得非常完美，也很顺利，我看到了大家的工作都做得很精彩（PPT展示）。

那么第三个子问题，同学们认为，我们应该从四个方面考虑——收纳空间、收纳方法、收纳工具以及如何持久地维护。而且我们还给雨具的收纳效果制定了一个标准，那么经过一周的活动，我想问问大家，对于这个标准你们有什么需要改进或补充的地方吗？

小组讨论。

生：我们认为收纳工具这方面的设计可以多功能，一物多用，例如设计一个雨具收纳架，下雨天可以安放雨具，平时还可以收纳文具等。

生：我们小组觉得每种设计都必须把安全问题放在首位。

生：我们实际考察后发现下雨天路滑，凡是雨具存放的空间和工具都应该想办法保持干燥，不然小朋友容易滑倒。

……

教师随机将讨论结果记录在雨具收纳效果标准表格里。

分析：为什么不马上开始交流汇报彼此的设计草案，而是要在开始之前完善这个标准呢？

任何设计都需要伴随一定的标准来产生，需要遵循规则，不是天马行空地随意发挥。同时，师生利用这个环节回顾学生所做的工作，以及在工作中的反思与改进，边做边完善标准，使设计作品更加符合实际所需。这个标准也将成为最终针对成果评价的重要指标之一，是学生在这类问题解决的项目化学习中的能力反映，伴随整个活动的始终，是问题解决类项目化和创设类项目化学习当中针对成果的不可或缺的评价方式之一。

学生不断地完善标准，建立规则，坚持这样做就会形成周到而缜密的思维，做事会越来越顺利。

二、围绕问题框架交流汇报

"雨一直下"小组的设计是将家中废弃的置物架改造成雨具收纳架，优点是轻便、可收纳，为了更直观，两个学生现场演示了一下如何收纳。折叠以后的尺寸刚好可以摆放在教室门的后面，当即获得了一致好评。

根据交流的框架问题，学生们分工阐述了遇到的问题以及解决方案。

——"挂雨伞的横梁我们一开始想用木质的或者金属的，后来发现木质的容易发霉，金属的我们不知道该怎么固定在架子上。大家讨论以后我们决定换成结实一点的绳子，我们试了一下可以打结固定。"

——"根据之前的调查统计，班级常用雨具分为三类：长柄雨伞、短柄雨伞、雨衣。如果按照学号摆放，长短不一，很不美观，于是我们想了一个新的方式，就是给雨具分区，上面两排放长柄雨伞，下面两排放短柄雨伞，最底下的一块地方放雨衣。同学们根据自己的雨具种类把它们放在合适的位置，只需要记住所在的位置号码，放学的时候就可以顺利拿取了。"说完学生开始演示起来："我拿的是长柄雨伞，前面已经摆满了，所以我要挂在这里。我的雨伞放在5号位置。"这样的表演更加立体直观地让大家明白他们的想法。

——"我们发现雨具摆放在上面会有很多水流到地上，周围湿滑，很不安全，这也是我们刚才给制作标准新增加这一条的原因。我们只要在下面安装一个大水槽就可以解决这个问题了。"

学生阐述完毕，我问大家：这样设计的优点有哪些？

学生们纷纷指出：变废为宝，节约材料；收纳方便，不占用空间；使用方法简单，面面俱到……我小结："利用家中已有材料进行改造也是个不错的想法，值得借鉴。"

接着开始互动环节："你们有什么疑问吗？"

——"请问，你们放雨衣的袋子是什么材料？""我们想用废弃雨衣或者市场卖鱼那里的装鱼的袋子来制作，因为这种材料防水，也是废物利用。"

——"摆放的方法怎么才能让大家都知道？""这个我们也想到了，我们会制作一个使用说明挂在旁边，并给大家介绍一下具体操作方法。"

同学们跃跃欲试，想要提的问题层出不穷。为了让教学进行下去，我提示大家可以把课堂上来不及提出的问题记在活动记录单上，课后继续讨论，同时记录别人的建议。可以是简写，节省时间。

分析：本组学生在这一环节的表现可圈可点，不但运用了小组合作介绍的方式，还进行了现场演绎，把作品设计的优势展现得淋漓尽致，对于问题的发现和突破也都计划周密。

而我只是坐在孩子们中间仔细倾听，适时地以只言片语助推。我心中有个疑问：雨衣使用以后拿到教室里是先晾干再折叠收起，还是直接就收到袋子里？这个问题直接关系到他们的设计里是否需要用防雨袋子来收纳雨衣，侧面说明了这一点还需要深入调查实际情况。我在心里嘀咕是否要当堂提出疑问，犹豫再三还是决定先不说，我先记录在我自己的活动记录单上，等到产品投入使用时再由他们自己发现这个问题更好。

我只是这个项目里的一个参与者，我也有我的建议和想法。项目化学习就是这样大家一起边研究边完善，边实践边发现的。

三、对比交流，共同进步

"雨过天晴"小组和"春风化雨"小组都设计了班级平面图，他们各自介绍了设计意图、设计思路以及平面图的分布和标记等方面，两个小组都认为利用平面图可以找出教室里闲置的空间，还能将规划直观地表示出来，提交给老师的时候一目了然。两个小组找出的闲置空间比较一致，大概有讲台下面、黑板下面的一排格子柜、教室门后、门外走廊等。经过筛选，最终确定教室的讲台下面和门后是最佳位置，一名学生信心满满地说："这两个位置和前面设计雨具收纳架的两个小组选择的位置竟然一样，侧面验证了该位置结果选定的权威性。"

另一个小组说在调查过程中发现，其实很多小朋友是不懂得折叠雨伞、雨衣的方法的，也没有养成习惯，所以他们拍摄了雨具折叠方法的讲解视频，打算在班级播放。

其他小组听完介绍开始提问：

——"你们是怎么找出这些闲置空间的？""我们用一个星期的时间观察教室各个空间位置的使用情况，做了记录。""我们咨询了老师和值日生。""我们用文具盒和衣服模拟雨具，在教室里试验过了，还详细记录了。"

——"平面图形的绘制方法你们是怎么知道的？""我们在网上查了资料，还询问了美术老师。"

——"我们认为你们接下来可以结合各个小组的设计，完善平面图，例如把雨具收纳架绘制在平面图里相应的位置，这样更有意义。""对，我们正打算这么做。"

——"我们有一个建议，就是平面图里的空间尺寸应该标记出来，这样可以为其他小组在设计制作实物的时候提供数据，避免重复工作。"

——"我们建议雨具折叠的讲解视频配上片头和片尾，还有字幕，这样看起来更正规。可以联系学校，投放在学校的大屏幕上，能够起到更大的作用。"

我再次提醒同学们做好记录。

分析：对平面图的设计，起初我认为意义不大，单从平面图这个成果的指向来看，看不出是直接解决了实际问题，就只是一个教室的俯视图的呈现而已。然而随着研究的不断推进，我发现学生是经过一系列的调查、模拟实验、数据分析，最终找出了最佳放置空间，还配套拍摄了雨具折叠讲解视频。

经过这次的课堂讨论，又能想到结合每个小组的设计完善平面图，学生在整个活动中反思、重构了自身，是一次非常有意义的学习体验。与之相对比的是后面汇报的另一个小组，他们用了电脑软件，给教室设计了3D立体效果。从作品的作用来看有异曲同工之妙，显得更高科技一些。然而，学生在介绍时非常恳切地说，虽然效果立体直观，可以看到教室的更多角度，但是制作过程费时耗力，看了前面小组的平面图，他们觉得似乎并不需要3D效果图，甚至用一些超轻黏土和废弃纸壳制作一个教室效果图也可以。

其实早在他们开始之前我就已经想到了这一点，但是学生用何种方式、途径解决问题，我们不应该限制，只要方向是对的，我们就不要否定。幸好学生坦诚地面对了问题，说出了心中困惑。看破不说破是项目化学校教师的授课秘诀，耐住性子等待学生自己发现，他们的思维就会更上一层楼。他们至此就会明白能够解决问题的就是好办法，无关科技含量的高低，哪怕失败也是一种收获。

……

综观整节课，上得比较顺利，超出预期。

由此我感到：若想培养学生创造性地解决问题，好的选题很重要，需具有可挖掘的基础；在活动时教师还需要设计多个学习支架，帮助学生理清学习思路，并确保在他们需要帮助的时候提供最有效的资源；创造性地解决问题的教学需要不断完善设计标准，这个标准可以使解决问题的目的清晰可见；在学生汇报时需要提供交流框架，围绕问题框架的探讨可以让解决问题的过程清晰有序、便于操作。

教学是一门遗憾的艺术。我想到对做 3D 建模的孩子，我应多给予一些鼓励；学习支架设计得有些复杂，给学生增加了工作量，应该想办法用多种形式记录日志，不拘泥于单一的表格；课下讨论的时候学生往往来不及做记录，教师可以在教室后面的黑板上设置一块问题讨论区，让学生将难点和疑惑贴在上面，供大家集思广益。

总之，每一次的设计与实施，都会有一些值得借鉴和留待思考的地方，这正是督促教师不断钻研下去的动力。

（上海市明珠临港小学　鞠洪雅倩）

文章中呈现出很多真实的细节，我起初对此有点不解。鞠老师告诉我这得益于学校拍摄了教学录像。她在撰写文章时，回看录像带再现了课堂教学，所以描述与分析比较方便。

学术论文有学理归纳和提炼，教学研究论文亦然。从"理论"一词解析，理论就是用一连串概念形成推理过程后获得的结论。上述引文能否算作学术论文，需要学界和社会的评判。评判的标准会因人而异，但是基本的学术界"公理"不会错，如问题意识、文献意识、实证意识、逻辑性等。

建议

一、教师撰写教学研究论文要恪守三条准则

一是，教学研究论文要具有标新立异、自圆其说的特征。教师学做课题

研究和撰写教学研究论文，要学会用调查法搜集证据并基于证据进行论述。走出纯思辨研究，走向实证研究，应该成为教师不懈努力的方向。

二是，教师的研究是实践研究与实践创新。衡量教师的论文是否具有学术性，应该用实践创新来衡量。诚如张肇丰研究员的观点：看教师研究的结果是否解决了要解决的问题，这种解决的方法能否作出自圆其说的解释，能否得到同行和社会的认可。

三是，教学研究论文没有明显的思维方法问题和逻辑性错误。

教学研究论文呈现出的思维和思维品质的高下，应该是学术质量高下的分水岭。如果思维品质不高，不能称之为有"学术"秉性。教师撰写的教学研究论文既要关注时代性，也要关注实践性。

二、文章要"竖高横宽有逻辑性"

我在指导教师撰写论文时，有感而发写了一篇随笔《竖高横宽有逻辑性》。何谓"竖高"？就是找到一个立意鲜明、有创新性的论题。这个论题有教育哲学、教育思想的照射，显示出作者能够站在时代高度看教育。何谓"横宽"？就是做文献研究和调查研究，助力论文拓展宽度。教改实验前（也是文章写作前）有文献研究作基，包含理论文献和实践经验两大方面。教改实验后用调查搜集证据，证明有效与否，是得到证实还是证伪。有逻辑性就是要遵循形式逻辑的基本原理，不犯逻辑错误。

如果学术写作是一张"网"，则网的上下两个纲是论题和故事。网的左右两个纲是文献研究和调查研究。合起来就是论题、故事、文献、调查四个方面的融会贯通。

第 九 章

改善心智

——教育写作的深层意义

概述

写作对教师成长的意义，尤其是它的深层次意义，还需要我们通过探讨加以揭示。我与教师共同研究的结果显示，教育写作基于研究，教育写作有助于教师改善心智模式。

从教科研的角度分析，一些聚焦于教师专业成长的课题，常常用本校教师获奖、发表文章作为证据证明研究的价值。这样的说辞多少有点牵强，说服力不强。用获奖证明，不做研究的教师也获奖了；用发表文章证明，不做研究的教师也发表文章了。在教科研自己的圈子里说说教育科研的价值有多大，还可以找到听众，出了圈子别人往往不睬你，不买你的账。教育科研与写作如何证明自身的价值成了一个重要问题。

我在指导教师做课题研究时，发现教师的心智模式需要改变。

心智模式对教师意味着什么？心智模式是制约教师专业成长的隐性因素，也是思维上的重要障碍。它看不见也摸不着，却时时处处出现在教育现场。心智模式的改善需要用时间和精力来不断修正。教师一旦获得心智模式的突破与跨越，就有可能进入成长新通道。

当今教育处在一个社会既飞速发展又乱象百出的复杂的转型时期，这就要求教师有明辨是非、真假的能力。当真假教育都出现在教师面前的时候，很有可能会让人迷失方向，不知所措。对教育真伪的辨析，是教师与生俱来的吗？不是。是随着教龄增加而自然而然增加的吗？也不是。这种能力需要后天的修炼，通过学习、实践、研究、反思，练就一双慧眼予以明辨。我们假设教师的定力从教育研究中来，从教育写作中来，那么，教科研与写作对教师产生了什么积极影响，需要予以证明。

例析

一、心智模式的优化带来思想解放

2019 年 9 月，我接受上海真爱梦想公益基金会学习共同体研究院的邀请，走进内蒙古赤峰市克什克腾旗（以下简称"克旗"），承担了教师"课例研究专题"研修班的主持人工作。为期一年半的培训工作，我们有面对面的报告式培训，有学员走进课堂学做课堂观察员的实战式培训，也有组织各学科骨干教师开课做课例研究的培训。根据需要，学员在这中间需要撰写读后感、听后感、课堂观察与分析、课例研究报告。这次课例研究专题研修班的成功举办，获益的不只是参加培训的教师，我也受到诸多启发。其中一项认识就是我发现了教师通过专题研修改变了原有的心智模式。

张雪老师是我在克旗认识的小学语文教师，她撰写的《学习是一场"相遇"与"对话"》在《中国教师报》上刊登，说明获得了编辑的认同。文章起始于 2019 年赤峰市举行的基础教育高峰论坛，因为有克旗经棚小学王老师的小学语文教学研究课《小桥流水人家》，在课后的研讨中我和张雪认识了。之后，我们通过微信多次联系，有点熟悉了。针对教师如何开展课堂观察，我希望张雪写一篇文章试试。我发给她三篇课堂观察文章，希望她就课堂观察的异同谈谈对课堂观察的认识。一来二去，我们形成了文章初稿、修改稿。我择机把文章发给了《中国教师报》现代课堂版主编褚清源。这篇文章经过褚主任的修改，公开发表了。

学习是一场"相遇"与"对话"（摘录）

读了3篇课堂观察报告后，我写了第一篇读后感《学习共同体课堂中的真实》，以真实立意。黄建初老师读后回复我，还可以尝试另一种写法，换一个立意。

在黄建初老师的建议下，我重新阅读了佐藤学教授的《教师的挑战：宁静的课堂革命》这本书，领会"学习是相遇与对话"的研究结论。

"学习是相遇与对话"的定义拓展了学习的内涵，把学生之间的合作学习视为重要方式，也把教师与自己内心的对话视为专业成长的重要方式。"相遇"一说告诉我们，教师不再单纯扮演"传道者""授业者""解惑者"的角色，而是学做一名"倾听者"，在倾听的过程中进行"串联""反刍"。

……

可见，课堂观察也是教师与自己的"相遇"和"对话"。因为有"相遇"和"对话"，才会有从心底发出的观后感。

教师在学做课堂观察时，是带着对学科教学的理解和问题进入的，把自己关注的问题与观察结合起来。观察员的角色不再是"挑刺"者，而是与执教教师形成了"伙伴"关系。如此一来，大家就可以不拘泥于这节课有没有"亮点""特色"，也不用有意选取一些优秀学生来"配合"教师。这种伙伴关系的建立，就是学习共同体课堂文化建设的体现。

执教者碰到的种种难题，往往也是观察员的难题。在观课时，既反思课堂的教训与不足，又反思课堂的经验与成功。

传统教研活动往往关注教师的"教"，在评课时也只是指正教师的"教"。这种观评课不仅成效低，还会打击教师开课做研究的积极性。课堂观察不仅可以有效避免教师之间"貌合神离"的怪象，还能实现教师之间的合作是在真正共享基础上的真诚对话。这样美好的合作既是与他人的"相遇""对话"，又是与自己的"相遇""对话"，在长期坚持中能实现累积式成长，以实现教师理念的深刻变革，把课堂变革的理念落实在行动中。

（《中国教师报》2019 年 10 月 30 日第 4 版）

张雪的文章有问题意识、文献意识和方法意识的体现，也有创新和学理归纳，这或许也是编辑愿意刊登的原因。

一石激起千层浪，普通教师的一篇小文章居然在"大报"上发表，对克旗教师来说几成"卫星上天"。这对打破教师教育写作的畏难、畏惧心理，起了榜样引领的作用。后来，克旗的教师组成三个大组继续开展课例研究活动，撰写了数百篇文章，克旗教育局编辑了十本内刊。教育局于局长告诉我，原来克旗教师不愿写文章，这次课例研究专题培训顶破了教师写作的"玻璃天花板"。

在撰写克旗培训的经验总结中，我归纳出克旗教师心智模式得到转化的认识。我的结论是否真实可信，希望有专家的论述给我支持。

果不其然，北京大学陈向明教授也谈到改变心智模式的问题。陈向明教授和张东云老师在《阅读对教师专业发展的作用——以一位小学教师为例》中，举了一位刘老师的案例。这位老师参加了陈教授主持的教师行动研究工作坊培训，得到了心智模式的改善。

刘老师说：在参加工作坊之前，我重点关注的是方法与策略，读的是《轻轻松松当好班主任》《做一个不再瞎忙的班主任》《正面管教》《卓越课堂管理》之类的书籍。从书中吸收的内容，大多是具体的"术"，选择接纳与不接纳的标准是方法是否有效。与在工作坊阅读体验对比后，我发现当我只重视策略，不重视策略背后的理论时，行动很容易变形，导致形似而神不在。而工作坊导师推荐的书籍大多涉及教育观念的转变，如《被讨厌的勇气》和《幸福的勇气》介绍的就是策略背后的理论基础。

陈向明教授据此得出结论——选择的书籍最好具有针对性，能够启发教师深入思考问题的实质，从自己的信念和价值观入手改变自己的心智模式，而不仅仅改变行动策略。

我如获至宝。以克旗的经验为例，认识到教师心智模式的转变经历三个阶段：一是引发认知冲突，二是改变心智模式，三是成就教育信仰。

一位初中教师邹老师在《走向实证——给教师的教科研建议》读后感中，对改变心智模式很有共鸣。他认为——

教师研究最大的障碍不是方法技术，而是心智模式的固化。许多教师（包括我自己）往往沉迷于"速效策略"，追求立竿见影的教学技巧，却忽视对教育本质的思考。例如，我曾热衷于收集名师课堂实录，模仿其提问技巧与活动设计，但移植到自己的课堂后常因学情差异而水土不服。书中关于心智模式三重蜕变（认知冲突—模式转变—教育信仰）的论述让我豁然开朗。教师若缺乏理论视角，即便掌握再多的方法，也难以突破形似神不似的困局。所以，心智模式的转变，需要从技术依赖走向理论自觉。

二、思维固化导致形似神不似

一位教师朋友发来一篇文章《以"学共体"教学增效课堂、以"三单式"作业助力减负》，是申报优秀案例的经验总结。他说："我是×××小学的小于（化名），现在我校"双减"背景下课堂提质的优秀实践案例被市里采纳，周一要上报到省里，经过校长指导，我修改了几轮总感觉不太妥当，斗胆发给您看下……"文章3500多字，还有图表等辅助说明。我知道，该校实施学习共同体教改已经历时数年，多次参加全国性的研讨会、教育峰会等活动，在当地小有名气。为什么这篇优秀案例的经验总结难倒了这位科研主任？背后隐藏了什么值得探讨的话题呢？

我想到了清华大学刘瑜教授《飞越流水线》中的一个词——精致的平

庸。文中，刘教授尖锐地批评了学界"精致的平庸"的现象。

大部分美式社科学问的特点就是：精致的平庸。（相比之下，中国社科学问到目前还大部分停留在"不精致的平庸"这个水平上）美国这个体系不太关心你是不是平庸，但是非常关心你是否精致。

这给我们有益的启示。刘瑜教授批评的是"美式社科学问"，却让我想到了中国的学问。也有许许多多可称为"精致的平庸"的论文或课题，没有在走出"平庸"上下功夫，而是在修饰"平庸"，把包装做得"精致"上用力、用功。

我无意否定一些基层学校在教改实验上所作出的贡献。以我所在的地区为例，教改实验如火如荼，每年确立的研究课题很多。但是平心而论，这么多的教改实验成效平平，却是不争的事实。承担课题研究的教师花了大力气，取得的成效并不如意。或许，我们也没有挣脱精致的平庸（也是平庸的精致）的束缚。

在对教师教育写作的调查中，我发现教师身上有两套系统在运作。一套可称为工作执行系统，另一套可称为研究思考系统。

工作执行系统以完成上级下达的教育教学任务为旨归。这个上级，既有文件、政策等规定，也有教研员下达的教学计划、课时安排、考查考试的相关规定。工作执行系统以服从、模仿为主要方式，对教师来说所需的思维含量相对比较低。在以服从、模仿为主要方式的工作之下，即使没有独立思考和自由精神的教师，也能成为不错的教师。

研究思考系统以问题为逻辑起点，在执行工作要求前，首先需要问一个为什么。在确定研究课题前，也要从"问题与假设"开始，经过"方法与证据"，最后得出"结论与讨论"。具有研究思考能力的教师与只有工作执行系统运行的教师会有明显的区别。

小于老师学校历经数年的教改实验，已经取得了不错的口碑。如果用两套系统运行的观点检验，可能还是处在用工作执行系统实施教改的路上。不同之处在于原来以上级的指示、教研员的指导为准则，现在换成了以学习共同体的理论文献和实践经验为指导，所实践与执行的仍然是以服从、模仿为主基调的教改实验。学校的教育哲学和思想，教师的思维能力并没有发生根本性的改变。这就可以解释为何小于老师在总结经验时，遇上了难题。

于漪老师在《现在的老师不缺教学技巧，而缺思想与批判性思维》里讲道：

● 我经常参加上海市教师的培训和评选工作，有一个问题让我非常焦虑：无论是特级教师的评定还是基地学员的遴选，从书面的表达以及面试来看，老师们最缺失的不是教学的技能技巧，而是思想与批判性思维。

● 我想到多少年来教给学生的一句话：知识就是力量。但是，现在恐怕还要信奉：思维才有力量！

● 我想，我们在教育领域提倡批判性思维，主要是让孩子能够养成批判性思维的习惯，具备这样一种能力。批判性思维是思维中最高级也是最核心的能力，一定要把它摆在思维品质和思维能力的领域来考虑。

● 西方科学出现了以后，主张逻辑思维——形式逻辑，离开了形式逻辑根本就没有理化生；还有一个叫实验科学——实证，谁说不行就拿出证据来。

于漪老师的观点有助于我们认识小于学校的教改实验中还需要花大力气提升的地方。

三、走出精致的平庸需要独立精神、自由思想和丰富实践

心智模式是与生俱来的吗？不是，是后天的产物。既如此，心智模式的改善需要教师有意识地培育。教科研在培育教师心智模式健全方面有着独特

的功效。

1. 撰写教育案例助力教师学会辩证思维

2000 年，教育案例开始出现在杂志上，我读到了发表于《上海教育科研》的一篇案例评析《一个诚实与集体主义的两难问题讨论》，对文中揭示的两难问题我似曾相识，读来倍感亲切。我想，其实教育中的两难问题很多，值得教师写。一次，我参加石笋幼儿园的科研展示活动，耳闻目睹了准备过程的一波三折，我觉得值得写一写。我和该园的科研主任唐叶红老师商量，她写活动的准备过程，我写评析。文章初成，发表成了难题。那时经验论文几乎一统天下，案例还没有被认同。

有一天同事告诉我，《上海教育科研》的张肇丰常务副主编来南汇参加区教育局后备干部培训班的导师会议，就在南汇教师进修学院的会议室。我怀着忐忑的心情，带着这篇稿子前去会见张老师。我们两人来到休息室聊了起来。我跟张老师说了案例稿子的事，他很感兴趣，让我等他的回音。几天后，他来电告诉我，稿子的基础不错，只是有几个地方需要修改，题目也需要推敲一下。

我初定的题目是《创新与保守》，张老师认为，"保守"一词不妥，会把稳健态度推向错误，不利于文章的讨论。我很赞同。在张老师的帮助下，《创新与完美——一次幼教研究成果展示活动引出的思考》在《上海教育科研》刊登了。

教育常常面临着两难选择，由此需要通过辩证思维，而后作出决策。通过这篇教育案例撰写、修改、发表，我对教育两难问题的认识深化了。

教育案例的分析与评论，助力教师学会辩证思维。

2. 分类是一种哲学方法，有助于培养教师的哲学思维

南汇四中开展"以课例研究为载体的初中个别化教学研究"，旨在探寻课堂教学变革新途径。个别化教学涉及对不同类别学生的针对性设计，于

是，怎样对学生分类成了一个问题。开题会上，课题组用了"学优生、中等生、学困生"的分类，这个分类被专家指出不科学，专家阐述了用直觉思维分类的不足之处。这对课题组教师来说弥足珍贵。

刘良华教授的《教育哲学》（华东师范大学出版社2017年）第3章"教育哲学的方法论"，对分类作了阐述：分类是哲学研究的主要论证方法。分类的基本原则是"相互独立，完全穷尽"，就是"不重复，不遗漏"。

分类往往伴随着找关系和作比较，或者说，以分类别为主，以找关系和作比较为辅。找关系其实就是在分类之后，寻找各个类型之间的逻辑关系。作比较是分类之后寻找各个类型的异同。分类别、找关系、作比较是"三位一体"的不同侧面，而并非三种独立的论证方法。

分类及其"相互独立，完全穷尽"的原则既是哲学论证的基本方法，也是其他所有研究比如实证研究或实践研究的基本前提。

我曾经尝试用分类方法做课堂观察的研究。我把课堂观察的三种方式，告诉了克旗的张雪老师，给了她三种课堂观察的样例——个别观察、对比观察和小组观察，希望她对课堂观察有深入的思考。张雪老师通过对三种课堂观察进行分析比较，完成了一篇文章——《学习是一场"相遇"与"对话"》，在《中国教师报》发表。

我认为这篇文章是对课堂观察的理论与实践的丰富。三种类别的课堂观察的分析，不是把课堂观察与分析限制在某一个方面或者某一个点上，而是希望教师学会独立思考，创造出更多的课堂观察方法，从而使课堂观察与分析这项技术能够呈现百花齐放的精彩纷呈。

3. 认识真理的相对性，教育热需要冷思考

课程开发一度很热。2018年，某区举行教学成果展示周活动，其中有一场是校本课程的大展示。会议主持人大言不惭地说，校本课程开发成果丰硕，已经开发了2000多门校本课程。应邀来参加会议的专家作点评，觉得不可思议，怎么会有那么多的校本课程？他认为校本课程开发不是一件轻而

易举的事情，会涉及课程理论、课程实施、课程评价等相关理论问题和实践问题。言下之意，校本课程的开发须持谨慎的态度，科学对待。

我认同专家的观点，校本课程开发是一件很严肃的事情，如果轻而易举，那就有可能是低水平的劳动。一次去某学校参加课题开题会，我走进一位熟悉的教师朋友的办公室，他取出一本自己开发的校本课程《象棋》给我看。我翻阅了一下，里面的内容是从相关的象棋书中摘录缩编而成。象棋课程已经开展，就是教师带学生学下象棋。这称为象棋社团活动尚可，与理想的校本课程还存在很大差距。对学生来说，学下象棋有好处，至少可以放松心情，拓展知识面。问题是开展象棋社团活动与校本课程开发不能画等号。

校本课程的开发有点泛化、庸俗化了。校本课程开发易如反掌的思维定式，还大有市场。低水平的校本课程大行其道，对于教师是折腾，常常是无功而返，需要引起足够重视。

再举一个例子说明。评课已经成为"家常"，孰是孰非？我曾经读过吴非老师的文章《评课杂谈》。文章的第一句话是"我不喜欢评课"，然后展开讨论——

我比较了解开课教师的心理。我对每位开课的教师都表示敬佩，无论如何，在现今社会文化环境下，上公开课经常是一件吃力不讨好，甚至有点危险的事。评课的人往往习惯于用自己的尺子去丈量世界，对开课的人而言，这往往就是灾难了。

但是，我经常被拉去评课，不去不行。

所以，我必须在这里老老实实地说一说关于这个问题自己想过些什么。

每次我都真诚地感激这些老师，允许我这个陌生人坐在他们的课堂里。

我总是认为他们的课上得比我好。他们为备一节课花了那么多时间与精力，这种课一般不会差到哪里去的。每次听课，我都对照自己的教学，找出自己的一些不足，见贤思齐，不过我有时会有点自卑：年纪渐长，即使秉烛，可能已无济于事。

我是来听课的，我在这节课上体会到天外有天，发现了新的思路，看到了比我的构想更有价值的方法。

……

——总而言之，统而言之，我听过课了，我得到了一些东西。

一节课不可能没有瑕疵；况且我不是来看瑕疵的。

公开课有点毛病才有活气；这种课才像人上出来的。——如果这句话有歧义，我收回。

……

就我自己而言，我关注的是学生的状态；对授课教师，我在听课中关注的是他的发现能力与沟通对话能力，至于这节课要贯彻什么精神，要体现什么样的教育思想——恕我孤陋，我至今仍不大明白，也不敢轻易做出那样的判断。如果我那样说了，有可能是迫于气氛言不由衷。

为什么总有人要对教师的公开课提那么高的要求呢？他们像是一群纸上谈兵战无不胜的教头，又像是一群眼高手低百般挑剔的球迷。他们根本不管授课教师面对的学生的具体情况，有什么样的教学背景，总之，他们有话要说；而且，只要是课，就一定有毛病，他就是来发现这个毛病的；或者，只要你的教学设计和他的思考不太一样，那就是离经叛道。

吴非老师的经验之谈有事实作为根据，不能不引起思考。

课堂教学研究的三种方法——听课评课、观课议课、课例研究，或许针对不同的教师。听课评课对青年教师入职培训效果比较好。观课议课对"经验教师"有很好的成效。而课例研究对成为研究型教师、专家型教师有比较明显的成效。所以，一旦选择哪一种方法开展校本研修，都需要想到实施的条件是否匹配，条件是否具备。

建议

我常常接受校长的邀请，走进学校与教师们交流教育写作的心得体会。我说："教育写作没有你们想象的那么难，也没有你们想象的那么容易。"

走进教育写作大门，从入门到卓越，教师需要立远大志、行脚下路、写有感文。

一、立远大志

教师也能成为教育学术人，也应该是教育学术人，这是李伟教授在《走向实证——给教师的教科研建议》书评中的观点，为教师的成长打开了上升空间。我觉得，教师以自己的特长创生教育学知识，与专家的研究和写作构成互补、共赢的关系。

2024 年以来，我在浦东新区航头学区指导的教师课例研修班上，数位青年教师表现出的勇于挑战、勤于学习、善于反思的品性，给我极大的启发，让我认识到一旦立下教育志向，青年教师也能够出彩。由此及彼，可以说经验教师更有条件成为教育学术人。

二、行脚下路

教师的本领在课堂，沉潜于课堂做研究，不心浮气躁，持之以恒数年，必有收获。这样的例子可以举出很多。教师做实践研究与实践创新，就有了标新立异的可能，而后以写作将经验公布于众，就是自圆其说的必须动作，由此形成行动研究的闭环。有了感悟，就要及时动笔将其转化为文字。

三、写有感文

读书学习是教师研究与写作的前提条件。教师需要读书，也读时文新论，并且，"一定要读真正的好书"。

青年教师张叶婷告诉我，她参加了航头学区的课例研修班，做到了不落下一次讲座，认真读完一本书、撰写读后感，再参与一次课例的两轮行动研究，最后完成数学课《数学广场——幻方》的课后访谈和问卷调查。当她坐下来敲打键盘时，竟然一气呵成写了 7000 多字。这份课例研究报告像模像样，过程真实可信，观点有据可依，行文叙议恰当。她自己也被自己感动了，震撼了。

有了行动研究的真实、踏实、务实，付出的劳动——体力的和脑力的——就成了滚滚思绪在笔尖流淌的文字、文章。"我手写我心"的有感而发，就可以避免空洞、空泛、空转。没有脚踩大地的摩擦力，往往难以前进。

教育写作是个热门的话题，也是个见仁见智的话题。本书以"从入门到卓越"立意，入门好说，但何谓卓越，解释起来有点难。

我在阅读香港大学徐碧美教授的《追求卓越——教师专业发展案例研究》时发现，徐教授通过对四位教师的研究，总结出了三种类别教师的专业发展阶段。其中，有八年教学工作经验的玛丽娜被归为专家教师。书中没有明确提及她是否达到卓越，但我还是从徐教授的论述中感受到了卓越的力量。教师完全可以追求卓越，而这一过程需要不断努力、持续进取。

我借鉴徐碧美教授的观点，感到教师的教育写作也可以追求卓越。至于怎样才是卓越，我们可以从前辈那里找到参照。于永正老师是优秀的小学语文教师，他一生以读书与写作为志业，出版了好几部著作。像于永正老师这样的卓越教师，我们可以举出许许多多例子。

就普通教师而言，本书选择的个案大都来自一线教师。这样的实例、范例可以让读者模仿学习。有教授说："教是教不会的，学是学得会的。"教育写作需要学习、需要经常写，才能熟能生巧。只有写，才会写。

本书撰写的过程中，得到了好多教师朋友的支持。我和他们多数是亦师亦友的关系。参加名师工作室和课例研修班培训，使我们认识、熟悉，结成了教育研究与写作路上的学习共同体。他们给我提供了案例故事，提供了来自教育教学第一线的实践智慧。有些案例是我们在共同研究中产生的，我还常常是第一读者。在修改完善的过程中，我们都获得了新知。我要感谢他们。

本书得到了华东师范大学出版社北京分社各位编辑的指导和帮助，再次表示感谢！

黄建初
2025 年 6 月